WOCHENENDER

DIE ELBE

Von Cuxhaven bis Wittenberge

Bei aller Sorgfalt, die wir in die Recherche gesteckt haben, kann es nach Druck immer zu Änderungen oder Abweichungen kommen. Läden, Lokale und Hotels können umziehen, schließen oder zum Wunschtermin ausgebucht sein. Um auf Nummer sicher zu gehen, empfehlen wir, sich grundsätzlich möglichst im Voraus auf den Websites zu informieren.

DER WEISSE FLUSS

Sie entspringt im tschechischen Riesengebirge, teilt das Böhmische Mittelgebirge und das Elbsandsteingebirge, bevor sie aus der Dresdner Elbtalweitung ins norddeutsche Tiefland eintritt. Im Norden nimmt sie ihren Weg vorbei an grünen Aulandschaften und malerischen Städtchen, erweckt den Hamburger Hafen zu tosendem Leben, bis sie bei Cuxhaven schließlich in die Nordsee mündet. Die Elbe, der weiße Fluss, wie sie früher einmal genannt wurde, ist mal schmal und sanft, mal breit und wild, und sie fließt fast immer in ihrer natürlichen Form durch Deutschland.

So, wie sich die Elbe auf ihrem Weg stetig verändert, wandelt sich auch die sie umgebende Landschaft beständig. Im Westen fließt die von den Gezeiten geprägte Elbe durch die platten Landstriche der Elbmarschen und die kilometerlangen Obstplantagen im Alten Land. In Hamburg teilt sie sich in Süderelbe, Norderelbe und Hunderte von Kanälen und schafft einen weitverzweigten, vielfältigen Kultur- und Erholungsraum. Und im Osten beginnt die sanfte, tideunabhängige Mittelelbe, die einen bunten Artenreichtum hervorbringt.

Am besten lässt sich die Elbe in ihrer so unterschiedlichen Schönheit in gemütlicher Reisegeschwindigkeit erkunden: mit dem Fahrrad. Der Elberadweg macht einem das denkbar einfach, denn er begleitet den weißen Fluss ganz dicht an beiden Uferseiten. Für diesen WOCHENENDER haben wir Sehnsuchtsorte links und rechts der Elbe gefunden – viele davon bislang unentdeckt.

INHALT

⊙ *Fortlaufend nummerierte Ziele*

DIE ELBE IM NORDEN

OSTSEE
ROSTOCK
LÜBECK
SCHWERIN
HERZOGTUM
LAUENBURG
LUDWIGSLUST-PARCHIM
LÜNEBURG
HITZACKER
(ELBE)
WITTENBERGE
LÜCHOW-DANNENBERG
0
10
20
30 km
N

Bei Lenzen | Die Mittelelbe

Große Elbstraße | Die Elbe in Hamburg

DIE UNTERELBE

ZWISCHEN CUXHAVEN UND WEDEL

Bereits hinter Hamburg ist die Elbe dem Einfluss der Gezeiten ausgesetzt, was sie mitunter unberechenbar macht. Man darf nicht in ihr baden und die Marschlandschaft wird schon von der Nordsee geprägt: die Elbmarschen. Diese flachen, teilweise sumpfigen Landstriche zwischen Wattenmeer und Altem Land haben einen sehr fruchtbaren Boden, weshalb die Gegend vor allem landwirtschaftlich genutzt wird. Im Alten Land, links der Elbe, fährt man kilometerlang durch reiche Obstplantagen – im Frühling durch ein rosafarbenes Kirschblütenmeer, im Herbst vorbei an apfel- und zwetschenschweren Bäumen. Dazwischen kleine Städte mit bonbonbunten Fachwerkhäuschen. Rechts der Elbe ist es nicht minder schön. Hier fährt man an prächtigen Gutshäusern, alten Höfen und verschlafenen Dörfern vorbei, die alle eine wunderbare Ruhe ausstrahlen. Und je mehr man sich der Mündung und dem Meer nähert, desto größer wird die Freiheit, die man im Herzen spürt (oder was sonst für die Sehnsucht zuständig ist).

DIE UNTERELBE

⊙ *Fortlaufend nummerierte Ziele*

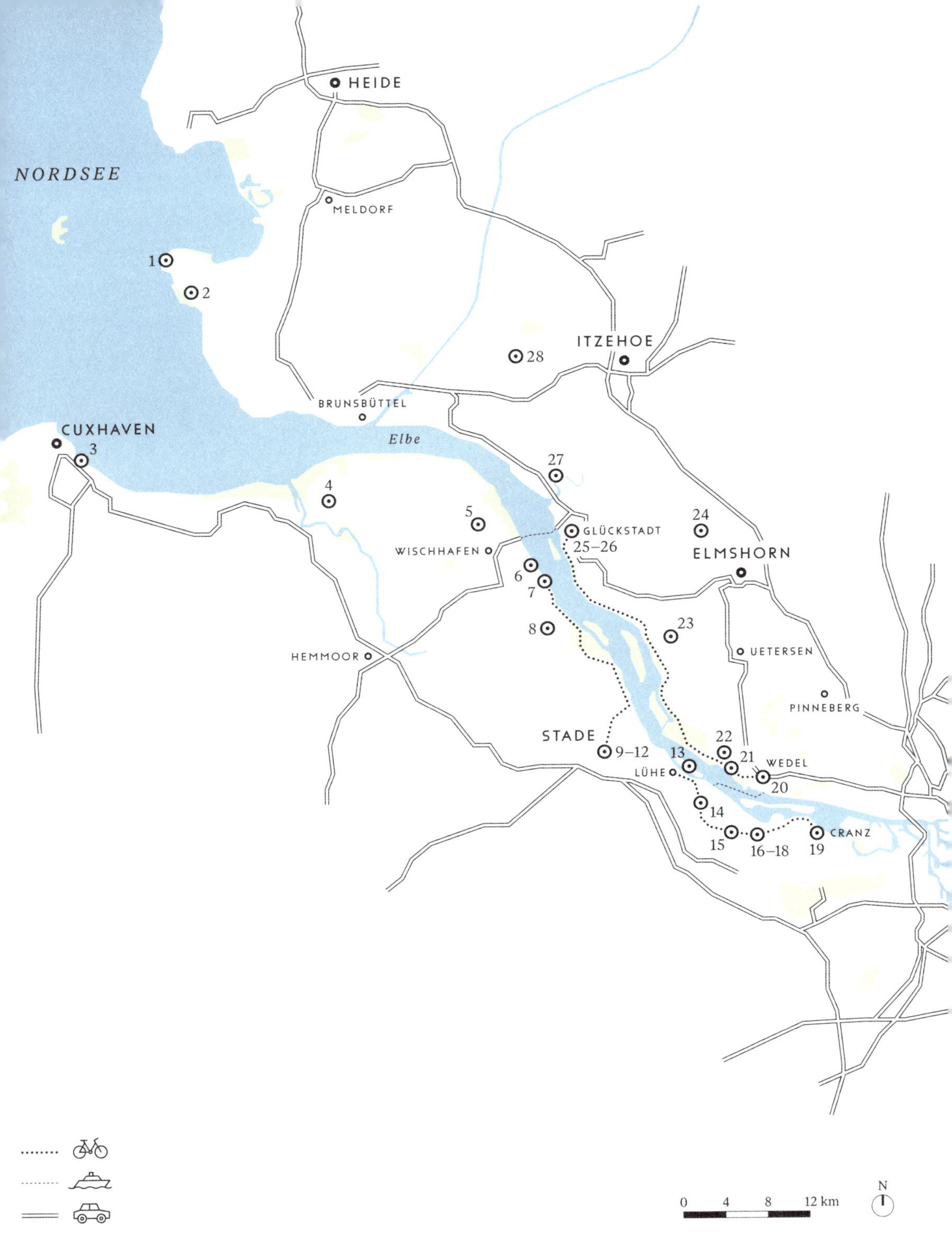
NORDSEE
HEIDE
MELDORF
1
2
28
ITZEHOE
BRUNSBÜTTEL
CUXHAVEN
3
Elbe
4
27
5
GLÜCKSTADT
25–26
24
WISCHHAFEN
ELMSHORN
6
7
8
23
HEMMOOR
UETERSEN
PINNEBERG
STADE
9–12
13
22
21
WEDEL
20
LÜHE
14
15
16–18
19
CRANZ
0
4
8
12 km
N

FRIEDRICHSKOOG-SPITZE

GRÜNER BADESTRAND

⊙ 1

Ebbe und Flut bestimmen diese Landschaft, denn in Friedrichskoog-Spitze mündet die Elbe ins Meer. Je nach Stand der Gezeiten kann man am grünen Badestrand entweder ins Wasser springen oder durchs Watt spazieren. Egal, ob man zum Ausruhen, Sportmachen, Nacktbaden, mit Kind oder Hund kommt – für jede*n gibt es den passenden Strandabschnitt. Während der Saison toben Kinder nahe dem Hauptaufgang auf einem großen Piratenspielplatz, klettern auf die Wasserrutsche oder leihen sich einen Wagen mit Spielen und Utensilien. Sportliche spielen Minigolf, Beachvolleyball und Boule. Für alle, die es gemütlicher mögen, stehen 180 Strandkörbe bereit. Auch toll: Der Strand ist das ganze Jahr über frei und kostenlos zugänglich.

25718 Friedrichskoog
T 04854 219010
friedrichskoog.de
echt-dithmarschen.de

ALICE HEIMATHAFEN

RESTAURANT

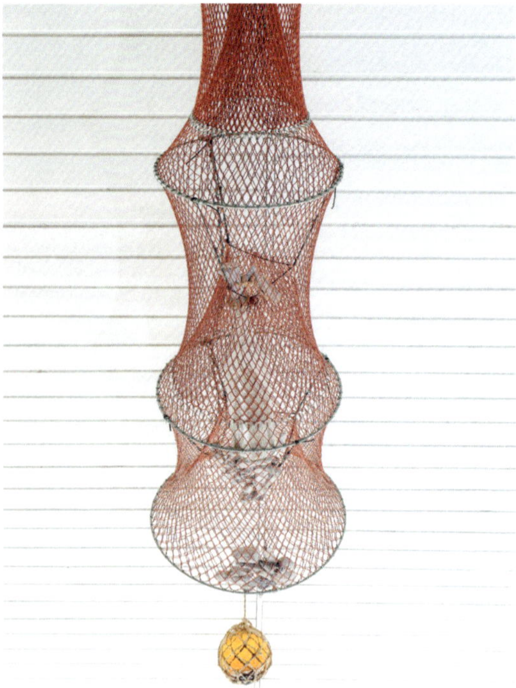

Am Hafen 4, 25718 Friedrichskoog
T 04854 217
alice-heimathafen.de

⊙ 2

Wer auf dem Weg zur Elbmündung hungrig wird, sollte in Friedrichskoog einen kleinen Stopp einlegen. „Alice Heimathafen" gibt es schon seit mehr als 50 Jahren, auch wenn man das dem frisch renovierten Fischimbiss nicht ansieht. Am ehemaligen Hafen von Friedrichskoog ist man schon voll und ganz auf Nordsee-Atmosphäre eingestellt. Sowohl die Mitarbeiter*innen als auch die Speisekarte sind typisch norddeutsch. Und die Krabben, die hier auf den Teller kommen, werden tatsächlich noch von echten Krabbenpuler*innen aus Friedrichskoog gepult. Bei schönem Wetter sitzt man draußen mit direktem Blick auf die Bootsliegeplätze.

MEERESFRÜCHTE

FISCHHALLE UND BISTRO

⊙ 3

Der salzige Geruch von Meer und Fisch steigt einem in die Nase, schon bevor man das „Meeresfrüchte“ betritt. Das Fischgeschäft liegt mitten im Cuxhavener Fischereihafen und verkauft seit über 30 Jahren fangfrischen und in Handarbeit zubereiteten Fisch aus Dänemark. In der kleinen Halle findet sich neben der großen Fischtheke auch ein Bistro. Dort kann man sich aus rund 50 verschiedenen Sorten seinen Lieblingsfisch auswählen oder ein Gericht von der Karte bestellen, zum Beispiel den Steinbeißer mit Radieschenrisotto und sortierter Strandaster. Für alle, die es nicht mal eben schnell nach Cuxhaven schaffen: Das „Meeresfrüchte“ liefert seinen Fisch innerhalb Deutschlands auch aus – gekühlt über Nacht zum Wunschtermin – per Post.

Niedersachsenstraße, Halle 10/Abteilung 91,
27472 Cuxhaven
T 04721 72120
meeresfruechte-cuxhaven.com

CAFÉ GUT HÖRNE

CAFÉ

⊙ 4

Dunkelgrüner Efeu, rote Rosen, alte Mauern: Das Café von „Gut Hörne“ ist in der ehemaligen Remise der Anlage untergebracht, also mitten in einem großen englischen Landschaftsgarten. Ein ruhiges Eckchen, in dem man sich sofort wunderbar geborgen fühlt. Abwarten, Tee trinken – und ein großes Stück Torte essen. Das kann man hier besonders gut. Spazieren gehen auch. Denn zum Gut gehören ein mittelalterliches Dorf, ein landwirtschaftlicher Betrieb und ein Bed & Breakfast, falls man gern länger abtauchen möchte.

Hörne-West 46, 21730 Balje/Hörne
T 04753 8449232
cafe-guthoerne.de

GUT ZIEGELHOF

FERIENHAUS

Schinkel 19, 21734 Oederquart
T 04779 8994674
gut-ziegelhof.de

⊙ 5

Erstaunlich, wie schnell das geht. Kaum angekommen, spürt man schon, wie man zur Ruhe kommt. Vielleicht liegt es daran, dass das „Gut Ziegelhof" von nichts als grünen Weiden und weitem Marschland umgeben ist. Darüber sehr viel Himmel. Der 700 Jahre alte Hof besteht aus vier reetgedeckten Häusern, die über viele Jahre in liebevoller Arbeit restauriert wurden. Aus dem ehemaligen Kälberstall ist ein Ferienhaus für vier Personen entstanden, das es hinbekommt, gleichzeitig urig und modern zu sein. Also: ein Kamin, offene Ständerwerke, alte Bodendielen und eine kleine Bettnische plus moderner Annehmlichkeiten wie Sauna und Whirlpool. Viel muggeliger kann's in den kühleren Monaten wirklich nicht mehr werden.

ELBINSELHOF KRAUTSAND

BAUMHÄUSER

⊙ 6

Spechte, Störche, Kuckucke und der Pfau vom Nachbarn, leises Blätterrauschen, sonst hört man nichts. Als hätte jemand die Welt mal kurz ganz leise gestellt. In den geräumigen Baumhäusern des Elbinselhofs Krautsand fällt das Abschalten leicht, weil man – so über den Dingen schwebend – endlich einmal zur Ruhe kommen kann. Die Häuser „Jojo“, „Lotti“ und „Anni“ stehen auf Metallstelzen neben einer Pferdeweide hinter dem Deich und sind mit Kaminen, Fellen und schlichten Holzmöbeln so dezent wie geschmackvoll eingerichtet. Von den kleinen Terrassen in luftiger Höhe kann man endlos weit schauen oder sich vorm Alltag verstecken. Am besten in den Abendstunden, wenn die großen, beleuchteten Pötte Richtung Hamburg oder weit, weit weg über die Elbe schippern.

Schanzenstr. 23, 21706 Drochtersen-Krautsand
T 0174 9716180
elbinselhof-krautsand.de

STRANDZEIT

STRANDLOKAL

⊙ 7

Direkt am sieben Kilometer langen, beeindruckend sauberen Sandstrand hat das feine Hotel „Elbstrand Resort“, das selbst hundert Meter weiter hinter dem Deich steht, sein Strandlokal aufgebaut. In den Loungemöbeln, im Strandkorb oder auf den Holzbänken der Terrasse kann man kleine Snacks, Longdrinks oder Kaffee genießen. Die Küche ist nordisch und fischlastig, und selbst den kleinsten Gerichten merkt man die gehobenen Ansprüche des Hotels an. Ein guter Ort, um die Füße hochzulegen und die Zeit zu vergessen. Oder um der Sonne beim Untergehen zuzusehen.

Elbstraße 1, 21706 Drochtersen
T 04143 9120600
elbstrand-resort.de

HAUSBOOT DROCHTERSEN

HAUSBOOTE

⊙ 8

Auf einem Schiffsdeck sitzen und übers Wasser schauen, sich in einer Koje zusammenrollen und das sanfte Auf und Ab der Gezeiten spüren, ins Wasser springen, wenn es heiß wird: All das kann man haben, wenn man hier seine Ferien bucht. Die Besitzer haben zwei alte Arbeitsschuten aufwendig restauriert, himmelblau gestrichen, auf die Namen „Jan" und „Ulla" getauft und zu komfortablen Ferienwohnungen auf dem Wasser ausgebaut. Mit Eichendielen, großen Fenstern, Kamin, Küche, Badezimmer mit Badewanne, Balkon und Sonnenterrasse. Das Wasser des Ruthenstroms, eines wilden Seitenarms der Elbe in Drochtersen, ist so sauber, dass man problemlos darin baden kann, und nachts, wenn nur noch die Sterne am Himmel und die Kerzen an Bord leuchten, träumt man davon, sich auch so ein Hausboot anzuschaffen.

Schäferstieg 2, 21706 Drochtersen
T 04143 999589
hausbootferien-elbe.de

VON STADE NACH KRAUTSAND

RADTOUR (32 KM)

⊙ 9

Von Stade aus startet die Radtour Richtung Elbe zu einem der tiefstgelegenen Orte Deutschlands: Bützfleth liegt bis zu 1,6 Meter unter dem Meeresspiegel. Von hier aus geht es ins Kehdinger Land, eine beschauliche Landschaft mit vielen Marschländereien, Obstplantagen und Pferdekoppeln – und Schauplatz vieler Kriminalromane. Am Elbufer führt der Weg nach einigen Kilometern an der Festung Grauerort vorbei, zwischen 1869 und 1879 von den Preußen zum Schutz vor angreifenden Schiffen errichtet, aber nie in Kämpfe verwickelt. Am Elbdeich radelt man weiter nördlich auf die Halbinsel Asselersand, ein 632 Hektar großes Naturschutzgebiet, in dem im Frühling und Herbst viele Vögel auf ihrem Weg von und nach Skandinavien Pause machen. Im Frühjahr blühen hier außerdem große Felder der gefährdeten Schachblume.
Von der Krautsander Binnenelbe abgetrennt liegt die Elbinsel Krautsand, die sich eng ans Festland schmiegt. Wer nicht aufpasst, bekommt fast nicht mit, auf einer Insel zu sein. Zwei Brücken führen über den Elbarm, ein Deich ringsum schützt vor der Flut. Die meisten der Häuser liegen auf sogenannten Wurten – Erdhügeln, die Schutz vor Sturmfluten boten, solange es noch keine Deiche gab. Besonders schön ist der vier Kilometer lange Sandstrand. Direkt nördlich an Krautsand angrenzend endet die Strecke hinter dem Sperrwerk. Von hier aus setzt man mit der Fähre nach Glückstadt über.

21682 Stade
stade-tourismus.de
urlaubsregion-altesland.de

STADE

STADT

⊙ 10

Vor einigen Jahren machte eine amerikanische Fluggesellschaft Werbung für Deutschlandreisen mit einem Foto der Stader Innenstadt. So, dachte man in den USA, sieht Germany aus. Und tatsächlich: Die Häuser am alten Hafen sind ein Bild von Fachwerk in Zuckerbäckerfarben (apropos Zuckerbäcker*innen: Den besten Kuchen der Stadt gibt es im „Café im Goebenhaus", dazu gleich mehr). Überhaupt ist Stade bekannt für seine historische Altstadt. Um sie kennenzulernen, kann man zum Beispiel einen Spaziergang entlang der verwinkelten Rosenstraße machen oder sich auf einem Holzkahn über den Fluss Schwinge treiben lassen. Ganz im Sinne der Norddeutschen, die am liebsten immer schön sutsche machen.

SEMINARTURNHALLE STADE

CAFÉ IM GOEBENHAUS

CAFÉ

⊙ 11

Rosen und Efeu ranken im Garten des „Cafés im Goebenhaus“ und bieten schattige Plätze. Direkt am Wasser des alten Hafens gelegen, sind auch die Tische auf der Promenade gefragt. Hier werden neben leckerem Frühstück auch kleine Mittagsgerichte oder Kaffee und Kuchen serviert, darunter (oder sollte man eher sagen: Gemeinheiten?) wie die Mohn-Marzipan-Torte mit Pflaumenmus oder die Stader Torte – eine fluffige Blätterteigtorte mit Blaubeeren, die fürchterlich süchtig macht. Drinnen ist es eng und urgemütlich.

Wasser West 21, 21682 Stade
T 04141 2313
goebencafe.de

FREILICHTMUSEUM AUF DER INSEL

MUSEUM UND RESTAURANT

Auf der Insel 2, 21682 Stade
T 04141 7977330
museen-stade.de
insel-stade.de

⊙ 12

Lange her und immer noch sichtbar: Nach ihrer 50-jährigen Herrschaft in Stade hinterließen die Schweden einen Teil ihrer Befestigungsanlagen, den sogenannten Bleicher-Ravelin. Heute befindet sich hier ein Freilichtmuseum, das historische Bauern- und Werkshäuser zeigt. In einer alten Mühle kann man erleben, wie die Müller der Region früher gearbeitet haben. Eine Altländer Prunkpforte von 1791, ein Steinbackofen, ein Wagenschauer und diverse bäuerliche Geräte können ebenfalls angeschaut werden (und sind sehr viel spannender, als man das vermuten würde). Hinterher kann man auf der Außenterrasse oder im Biergarten des Restaurants „Die Insel" mehrgängige Überraschungsmenüs oder regionale Leckereien wie die Stader Hochzeitssuppe oder einen Fischteller essen und den Tag sehr mögen.

LÜHESAND

INSEL UND CAMPINGPLATZ

⊙ 13

60 Vogelarten, ein paar Wohnwagen und Zelte, ein schlicht eingerichtetes Gasthaus, zwei Personenfähren und ein paar entspannungsbedürftige Hobby-Insulaner: Mehr hat Lühesand nicht zu bieten. Und genau das macht die Anziehungskraft der leicht verwilderten Elbinsel aus. Wer herkommt, möchte den Trubel der Großstadt endlich hinter sich lassen und entschleunigen. Das geht hier gut. Denn hier hört man nichts. Nur Vögel, das Laub im Wind, die eigenen Gedanken. Es gibt keine Fahrräder und erst recht keine Autos, wer mit einer der beiden Personenfähren „Smuttje" oder „Sottje" über den Fluss kommt, läuft zu Fuß weiter. Camper können sich eine Schubkarre nehmen, die am Anleger bereitsteht, und es sich auf der 124 Hektar großen Binneninsel südöstlich von Stade bequem machen. Der Campingplatz hat so viel Platz, dass man nicht aufeinanderhockt. Tagesausflügler*innen sind ebenso willkommen wie Wochenendgäste oder Langzeiturlauber*innen.

Sandhörn 6a, 21720 Grünendeich
T 0178 3508137
luehesand.de

BIOHOF OTTILIE

HOFLADEN UND HOFCAFÉ

⊙ 14

Wildkräuterführungen, Honig von glücklichen Bienen und ein sensationelles, selbst gemachtes Apfelketchup, das 2018 als „Kulinarischer Botschafter“ Niedersachsens ausgezeichnet wurde: Der „Biohof Ottilie“ mit schönem Hofcafé und einem Hofladen mit ausgewählten regionalen Bioprodukten begeistert nicht nur Ausflügler*innen und Großstädter*innen auf der Durchreise, sondern auch Einheimische. Spitzenköchinnen und -köche versorgen sich hier mit alten Apfelsorten, Wildkräutern und historischen Gemüsen. Zwischen den Apfelbaumreihen ist noch Platz für eine Boule-Bahn, die man stundenweise mieten kann.

Ort 19, 21720 Mittelnkirchen
T 04142 812634
biohof-ottilie.de

APFELPATENHOF

APFEL- UND KIRSCHERNTE

⊙ 15

Ein eigener Apfelbaum? Dafür braucht man keinen Garten mehr. Die Brüder Schuback aus Jork haben erkannt, was Großstädter*innen mögen, und die Apfelpatenschaft ins Leben gerufen. Für 55 Euro wird man ein Jahr lang Patin oder Pate eines Baums und kann unter sechs Sorten wählen. Ein Newsletter informiert regelmäßig über den Stand der Dinge – also Blüte, Fruchtstände und Erntereife. Und im Herbst geht es dann raus in die Plantage, wo man seinen Baum (der ein Namensschild trägt) abernten und die Äpfel mitnehmen kann. Wer lieber Kirschen mag, bekommt im Frühsommer eine Kiepe (einen Weidenkorb) in die Hand gedrückt und darf sich satt pflücken.

Hinterdeich 172, 21635 Jork
info@apfelpatenhof.de
apfelpatenhof.de

FAHR
STD
B 828

JORK

STADT

⊙ 16

Wir könnten jetzt viel über Jork schreiben. Dass sich im Ort herrliche alte Fachwerkhäuser finden und Prunkpforten, die es nur hier im Alten Land gibt – eindrucksvoll verzierte Eingangstore, die beweisen sollten, wie wohlhabend der Besitzer eines Hofs ist. Oder dass vom alten Borsteler Hafen früher die Äpfel Richtung Hamburger Fischmarkt verschifft wurden. Ende des 18. Jahrhunderts hatten 59 Schiffe Liegerecht, heute ist nur noch das Museumsschiff „Annemarie" vertaut. Aber neben all dem so hübsch anzusehenden Damals und Gestern ist Jork vor allem sehr Jetzt – ein Ort, der einem beibringt, über den Kram, der sich im Kopf so gern von oben nach unten und von links nach rechts dreht, den Moment nicht zu übersehen. Zwischen Tausenden Obstbäumen, im Herz des Alten Lands, geht das nämlich ganz besonders gut. Einfach stehen bleiben, hinsehen, weitersehen und die Seele mit Schönheit auffüllen.

21635 Jork
jork.de

DIE MÜHLE JORK

RESTAURANT

⊙ 17

Früher eine Windmühle namens „Aurora“, heute ein Restaurant – nicht nur ein ganz besonderes (wann isst man schon mal in einer Mühle?), sondern auch ein ganz besonders gutes. Gekocht wird frisch und saisonal rund um ein Hauptprodukt – mal Spargel, mal Bamberger Hörnchen, mal Zanderfilet. Zur Vorspeise gibt es Tartar oder Salate, zum Nachtisch handgemachte Pralinen oder Tarte von Altländer Äpfeln – vom Gault Millau mit 15 Punkten ausgezeichnet. Der obere Bereich der Mühle kann für Festlichkeiten reserviert werden. Von hier aus kommt man auch auf die Galerie und zu den Flügeln, die von der langen Geschichte der Mühle erzählen, die nach der Gräfin von Königsmarck benannt wurde.

Am Elbdeich 1, 21635 Jork
T 04162 6395
diemuehlejork.de

OBSTHOF SCHUBACK

PICKNICK

Westerjork 81, 21635 Jork
T 04162 370
obstparadies-jork.de

⊙ 18

Picknick unter blühenden Apfelbäumen im Alten Land – viel schöner kann es kaum werden. Der „Obsthof Schuback“ macht einem das leicht: Wer keine Lust hat, einen Picknickkorb zu packen und den ganzen Tag mitzuschleppen, kann drei Tage vorher ein Frühstücks- oder Grillpicknick reservieren (am Wochenende besser früher). Je nach Personenzahl fällt das mit frischem Brot, Baguette, Quark und Marmelade, Eiern und köstlichen Kleinigkeiten oder mit Grilleimer, Fleisch und Beilagen herrlich üppig aus. Mit dem Bollerwagen geht es vom Hofladen aus querfeldein zum hübsch gedeckten Tischchen oder mit einer Decke zum kleinen Flüsschen oder zwischen die Obstbäume. Und sollte es doch einmal regnen, flüchtet man sich in die liebevoll hergerichteten Scheunen. Knackige Äpfel gibt es dank moderner Lagermethoden das ganze Jahr hindurch, im Spätsommer schmecken sie am allerbesten.

VON CRANZ NACH LÜHE

RADTOUR (32 KM)

⊙ 19

Ins Alte Land führen viele Wege, einer der schönsten beginnt in Blankenese auf der Fähre hinüber nach Cranz. Die Fahrräder dürfen mit an Deck, und je nach Wasserstand fährt die Fähre bis zum Sperrwerk Neuenfeld oder auf der Este ins Land zum „Alten Fährhaus". In Cranz angekommen, radelt man flußabwärts den Deich entlang, und schon bald reihen sich links die Obstbäume aneinander – willkommen im Alten Land! Nach etwa sechs Kilometern leuchten die weißen Flügel der „Mühle Jork" (S. 48), wo sich eine Rast lohnt. Durch Jork hindurch geht es weiter und am Kreisel im Ort rechts hinaus. Nun führt der Weg vorbei an schönen Fachwerkhäusern und Obsthöfen mit großen Scheunen und imposanten Bauernhäusern, bis man die kleinen Orte Mittelnkirchen und Steinkirchen erreicht. Die schöne Hogendiekbrücke, die in Steinkirchen über die Lühe führt, lädt zum Verweilen ein. Danach geht es weiter Richtung Grünendeich und Lühe, zurück an die Elbe. Am Lüher Fähranleger kann man auf eine Fähre Richtung Wedel warten – oder an der Elbe gemütlich wieder bis Cranz radeln. Bei schönem Wetter lohnt es sich, den Abend nach einer anstrengenden Radtour im Biergarten des „Alten Fährhauses" ausklingen zu lassen, bis die Fähre eintrifft. Unbedingt auf den Stand der Tide achten, von ihm hängt ab, wo das Schiff tatsächlich anlegt!

Kirchenstieg 30, 21720 Grünendeich
hamburg.de/sehenswertes-cranz/
urlaubsregion-altesland.de

VON WEDEL NACH GLÜCKSTADT

RADTOUR (37 KM)

⊙ 20

Die stille Schönheit der Elblandschaft lässt sich am besten in gemütlicher Reisegeschwindigkeit mit dem Fahrrad erkunden. Auf dem Elberadweg wird einem das denkbar einfach gemacht: Von Wedel aus fährt man immer am Elbdeich entlang durch die Haseldorfer Marsch – vorbei an der „Carl Zeiss Vogelstation", am Naturstrand der Hetlinger Schanze und ganz, ganz vielen Schafen. Das erste Mal knifflig wird es am kleinen Flüsschen Pinnau, denn das kann man nur über ein Sperrwerk mit etwas ungünstigen Öffnungszeiten überqueren. Gleiches gilt für die Krückau etwa fünf Kilometer weiter. Hat man diese beiden Stellen aber einmal passiert, geht es ganz unproblematisch weiter auf dem Deich die Elbe entlang bis nach Glückstadt. Verpasst man die Öffnungszeiten der Sperrwerke, fährt

elberadweg.de
holstein-tourismus.de

man einfach landeinwärts am Ufer der Pinnau entlang, wo eine Brücke den Fluss überquert. Wer die Tour etwas abkürzen möchte, kann sich von hier aus über Haselau nach Haseldorf auf den Rückweg machen. Um die Krückau außerhalb der Sperrwerk-Öffnungszeiten zu überqueren, braucht es entweder einen 20 Kilometer langen Umweg bis nach Elmshorn – oder man nimmt zwischen Neuendorf und Seestermühe die wohl kleinste Fähre Deutschlands, die historische Fähre Kronsnest. Die fährt allerdings ausschließlich an den Wochenenden im Sommer. Egal, wie man in Glückstadt ankommt: Hier hat man sich definitiv eine Pause verdient. Anschließend nimmt man entweder die Fähre nach Wischhafen und fährt linksseitig der Elbe wieder zurück – oder mit der Bahn nach Hamburg.

CARL ZEISS VOGELSTATION

VOGELSTATION

⊙ 21

Was für ein spektakulärer Anblick, wenn sich Tausende Vögel wie auf Kommando in die Luft schwingen, eine große Runde drehen und schließlich einer nach dem anderen wieder auf dem Wasser landen, als sei nie etwas gewesen. Direkt am Elberadweg hinter Wedel befindet sich mit der „Carl Zeiss Vogelstation" ein kleines Paradies für Vogel- und Naturliebhaber*innen und Familien mit Kindern. Obwohl klein eigentlich kaum das richtige Wort ist, denn das Gelände ist knapp 18 Hektar groß und beherbergt über das Jahr bis zu 160 Vogelarten wie Bekassine oder Austernfischer. Von drei Beobachtungsständen kann man die Vögel durch schmale, höhenverstellbare Sehschlitze teilweise aus nur wenigen Metern Entfernung beobachten, ohne sie beim Brüten oder Rasten zu stören. Die Vogelstation hat das ganze Jahr an bestimmten Tagen geöffnet. Sollte man einmal außerhalb der Öffnungszeiten vorbeikommen, kann man die Vögel aber auch einfach vom Zaun aus beobachten (Fernglas nicht vergessen!) und eine Pause auf dem Deich einlegen. Der Besuch lässt sich toll mit einer Fahrradtour oder einem Spaziergang verbinden – von der S-Bahnstation Wedel fährt man etwa 25 Minuten mit dem Rad oder geht eine Stunde zu Fuß. Wer mit dem Auto kommt, kann es weiter vorn auf dem Parkplatz Fährmannssand abstellen und etwa eine Viertelstunde Fußmarsch einplanen.

Fährmannssand, 22880 Wedel
T 040 64855253
hamburg.nabu.de

HETLINGER SCHANZE

NATURSTRAND

⊙ 22

Es gibt Orte, die möchte man eigentlich lieber für sich behalten. Die Hetlinger Schanze im Naturschutzgebiet Haseldorfer Binnenelbe mit Elbvorland ist so einer. Wer in Wedel aufs Fahrrad steigt und immer auf dem Deich bleibt, schlüpft durch ein Holzgatter, folgt dem kleinen Trampelpfad durchs Schilf und steht an einem wunderschönen, feinen Sandstrand. Gefühl ungefähr: Urlaub am Meer. Nur dass man hier eben an der Elbe ist und wegen der starken Strömung offiziell nicht baden darf. Die Beine nach all dem Strampeln abzukühlen geht aber allemal. Je nach Jahreszeit hat man die Elbe, das Wasser und den Wind mitunter ganz für sich allein. Selbst im Hochsommer ist es selten überfüllt. Verpflegung sollte man unbedingt vorher einpacken, denn es gibt weit und breit nichts zu kaufen. Grillen wird toleriert, solange der Strand sauber bleibt. Verfehlen kann man die Hetlinger Schanze übrigens nicht, denn hier stehen in stolzem Rot-Weiß die höchsten Strommasten Europas – und die sieht man schon von Weitem.

25491 Hetlingen
holstein-tourismus.de/hetlinger-schanze

FLIESENMANUFAKTUR VAN HEES

FLIESENMANUFAKTUR

Am Altenfeldsdeich 6, 25371 Seestermühe
T 04125 958222
fliesenmanufaktur.de

⊙ 23

Betritt man die „Fliesenmanufaktur van Hees“, scheint man kurz aus der Zeit zu fallen. Sorgfältig nebeneinander aufgereiht stehen, liegen und hängen unzählige blau-weiße Fliesen mit den unterschiedlichsten Motiven. Jede einzelne könnte man minutenlang studieren. Tatsächlich wird hier eine jahrhundertealte Tradition am Leben erhalten. In der Werkstatt nebenan stellt Claudia van Hees Reproduktionen der berühmten, über 300 Jahre alten holländischen Delfter Fliesen in Fayencetechnik und auf Grundlage historischer Vorlagen her. Jede Fliese ist ein Unikat und wird in Kleinstarbeit von Hand geschnitten, glasiert und bemalt. Gleich nebenan unter dem gleichen Dach: „Antikbau Stawe“, eine nicht minder interessante Manufaktur für antike und neue Holzdielen.

HOF DANNWISCH

HOFLADEN

⊙ 24

Die Erde, die Natur und alles, was sie hervorbringt, ist uns nur geliehen: Mit diesem Grundverständnis arbeitet der „Hof Dannwisch". Entsprechend umsichtig werden die Böden und Tiere behandelt. Der als gemeinnütziger Verein organisierte Hof fördert aber auch intensiv die Ausbildung von Landwirt*innen und möchte die Bedeutung der Landwirtschaft für Gesellschaft und Umwelt hervorheben. Dazu gehören Hofführungen und Feste, Film- und Theatervorführungen, Bauernhoftage für Schulklassen und ein eigener Hofkindergarten, das „Bienenhäuschen". Wer auf den Hof und in den Hofladen kommt, kann all das spüren und schmecken. Zu kaufen gibt es Gemüse, Obst, Milchwaren (darunter der mehrfach preisgekrönte Käse aus der Milch der eigenen Kühe), Eier, Fleisch und Wurst, Backwaren, Wein und Kosmetik. Wer am Wochenende nicht ganz so viel Zeit hat, besucht samstags den Stand des Hofs auf dem Wochenmarkt in Hamburg-Eimsbüttel.

Dannwisch 1, 25358 Horst
T 04126 3967641
dannwisch.de

GLÜCKSTADT

STADT UND HAFEN

⊙ 25

Radelt man die Elbe entlang, landet man irgendwann in Glückstadt. Durch dieses kleine Städtchen führen gleich vier Fernradwege und zahlreiche kleinere Radtouren, entsprechend gut ausgestattet ist es mit Fahrradläden und Werkstätten, mit Leih- und Ladestationen. Ein Stopp lohnt sich hier aber nicht nur, wenn man einen Platten hat. Glückstadt hat auch eine entzückende Altstadt, einen hübschen Hafen mit historischer Häuserzeile und, so sagt man, den besten Matjes des Nordens. Außerdem kommt man hier mit der Fähre auf die andere Seite der Elbe ins niedersächsische Wischhafen. Der Name „Glückstadt" stammt übrigens aus dem 17. Jahrhundert, als der damalige König von Dänemark die Stadt erbauen ließ und gesagt haben soll: „Dat schall glücken und dat mutt glücken, und denn schall se ok Glückstadt heten."

Große Nübelstraße 31, 25348 Glückstadt
T 04124 937585
glueckstadt-tourismus.de

DER KLEINE HEINRICH

RESTAURANT

Am Markt 2, 25348 Glückstadt
T 04124 3636
der-kleine-heinrich.de

⊙ 26

Am Glückstädter Marktplatz steht „Der kleine Heinrich“, ein urgemütliches Restaurant mit einheimischer, saisonaler Küche nach alten holsteinischen Rezepten, ganz wie bei Muttern. Das ist übrigens nicht bloß eine Phrase. Viele der Rezepte stammen von der Mutter der Gastwirtin. Lecker ist alles. Wer Glückstadt besucht, sollte aber einmal den originalen Glückstädter Matjes probieren, den es hier gleich in mehreren Variationen gibt. Das Haus selbst stammt aus der Gründungszeit der Stadt. So finden sich in der Fachwerkkonstruktion so hübsche Details wie geschnitzte und bemalte Deckenbalken aus dem 17. Jahrhundert oder Fenster aus der Renaissance. Benannt ist das Gasthaus nach Glückstadts bekanntestem Walfangschiff, das bis 1863 jahrein, jahraus ins nördliche Eismeer segelte.

DAS ALTE FÄHRHAUS

FERIENHAUS

⊙ 27

Direkt am Deich in Wewelsfleth steht „Das Alte Fährhaus“ – ein 300 Jahre altes Fährhaus mit gebogenen Holzbalken, schiefen Decken und Wänden und originalen Delfter Fliesen an ebendiesen. Selbst die Einrichtung ist zu großen Teilen noch original. Heute steht das denkmalgeschützte Gebäude als Ferienhaus bereit. Auf drei Etagen können auf sehr großzügigen 650 Quadratmetern mit 15 Zimmern und sieben Badezimmern bis zu 35 Personen übernachten. Zusammen sitzt man am gemütlichen Kamin oder am langen Holztisch in der offenen Stube. Wer in kleinerer Gruppe reist, kann nach Absprache auch einzelne Schlafzimmer buchen. Und wer sogar noch mehr Platz braucht, bucht nebenan gleich das „Bäckerhaus“ mit zwei weiteren, großen Räumen dazu. Hier gibt es außerdem eine riesige Küche, die richtig viel Platz für große Gruppen hat.

Deichreihe 30-31, 25599 Wewelsfleth
T 01522 7070836
altesfährhaus.de

ZUM DÜCKERSTIEG

RESTAURANT

⊙ 28

Herzlicher Service und phänomenales Essen: Im Landgasthaus „Zum Dückerstieg“ gibt es regional-saisonale Landküche auf hohem Niveau, zum Beispiel rosa gebratenen Lammrücken und geschmorte Haxe mit Spitzkohlgemüse, Pfifferlingen und Spargel oder Rauchkartoffelravioli auf Lauchgemüse und gebratenem Blumenkohl. Die Speisen sind wie kleine Skulpturen auf den Tellern angerichtet – es ist schon eine Freude, sie einfach nur anzuschauen. Dann würde man allerdings das vom Guide Michelin empfohlene Essen verpassen und nein, das will man wirklich nicht. Unbedingt vorher reservieren!

Dückerstieg 7, 25554 Neuendorf-Sachsenbande
T 04823 92929
dueckerstieg.de

DIE ELBE IN HAMBURG

ZWISCHEN WEDEL UND GEESTHACHT

In Hamburg teilt sich die Elbe an der Bunthäuser Spitze in Süderelbe und Norderelbe – und von dort aus in Hunderte Nebenarme, Kanäle und Fleete. So zahlreich und vielfältig, wie sich das Wasser durch die Stadt schlängelt, sind auch die Orte an den Ufern.
Mal schnieke wie Blankenese, schrill wie St. Pauli, kreativ wie im Oberhafen und in Wilhelmsburg oder eher touristisch wie an den Landungsbrücken. Baden ist auch im Hamburger Teil der Elbe nicht erlaubt, weil die starke Strömung und der Sog des Schiffsverkehrs zu gefährlich sind. Aber es gibt auch so genug zu machen und zu sehen. Wo sonst kann man aus solcher Nähe riesigen Kränen beim Containerverladen zusehen? Und Frachtern auf ihrem Weg ans andere Ende der Welt hinterher? Wer einmal hier war, spürt ganz schnell: Ohne die Elbe wäre Hamburg nicht Hamburg.

DIE ELBE IN HAMBURG

⊙ *Fortlaufend nummerierte Ziele*

PINNEBERG
HALSTENBEK
WEDEL
29
BLANKENESE
30–31
Elbe
JORK
35
34
FINKENWERDER
33
32
36
45
HAMBURG
37
38–39
40–41
42
43
44
46–47
WILHELMSBURG
GLINDE
REINBEK
BERGEDORF
50
53
49
48
BUXTEHUDE
ROSENGARTEN
51
52
DRAGE
STELLE
SEEVETAL
0
2
4
6 km
N

FALKENSTEINER UFER

NATURSTRAND

⊙ 29

Weißer Sandstrand, rauschende Bäume, zwitschernde Vögel – durchatmen! Fast glaubt man, am Meer zu sein, hier an Hamburgs letztem Naturstrand, der auch ein guter Ausgangspunkt für Spaziergänge und Radtouren ist. Es führen unter anderem der Elberadweg, der Elbewanderweg, die europäischen Fernwanderwege E1 und E9 sowie der Pilgerweg Via Baltica am Falkensteiner Ufer vorbei. Direkt nebenan liegen etwa der Waldpark Falkenstein, der Römische Garten und ein ausgewiesener Hundestrand. Wer sich am Anfang oder Ende seiner Tour noch einmal stärken will, bekommt leckere Snacks im liebenswert-skurrilen „Pavillon Lütt Falkenstein am Ufer" (übrigens auch zum Mitnehmen). Wer gleich ein paar Tage in der Natur bleiben will, übernachtet auf dem Campingplatz „ElbeCamp" direkt am Elbstrand.

Falkensteiner Ufer, 22587 Hamburg
hamburg.de
hamburg-tourism.de

TREPPENVIERTEL IN BLANKENESE

VIERTEL

⊙ 30

Verwinkelte Gässchen, schmucke Stadtvillen und immer wieder der Blick auf die grünen Hänge des Elbufers – das ist das unverwechselbare Treppenviertel in Blankenese, das es irgendwie schafft, gleichzeitig norddeutsch und mediterran zu wirken. Über die insgesamt 5.000 Stufen – mal hoch, mal runter – kann man sich das ehemalige Fischerdörfchen spielerisch erarbeiten. Für Autos zugängliche Straßen gibt es nur wenige, deshalb parkt man am besten weiter oben, zum Beispiel am Blankeneser Kino. Wer mit öffentlichen Verkehrsmitteln kommt, startet an der S-Bahnstation Blankenese, muss dann aber ›

Treppenviertel, 22587 Hamburg
hamburg.de/blankenese
hamburg-tourism.de

noch etwa eine Viertelstunde zu Fuß gehen oder mit dem Bus zur Haltestelle Strandtreppe fahren. Von da aus erkundet man frei Schnauze die vielen Gässchen und Treppen, denn eine exakte Wegbeschreibung würde nur den Spaß verderben. Wer kurz durchatmen möchte, macht das am besten beim „Treppenkrämer“, einem ganz kleinen Café mit regionalen und französischen Spezialitäten, oder weiter oben im „Kaffeegarten Schuldt“, wo man bei Kaffee und Kuchen einen grandiosen Blick auf die Elbe hat. Geht man alle Treppen hinunter, liegen links unten am Fähranleger Blankenese das „Ponton Op’n Bulln“ und rechts der „FISCHclub Blankenese“.

Links gibt es einfache Gerichte wie Currywurst, Eintopf oder Pasta, rechts Fischbrötchen auf die Hand und ein Restaurant. Beide Lokale liegen auf dem Wasser, beide bieten einen unverstellten Blick auf die Elbe und die vorbeifahrenden Boote, Jachten und Containerriesen. Mit der Fähre kann man hier etwa stündlich die Elbe nach Hamburg-Neuenfelde und Cranz überqueren. Bleibt man auf dieser Seite und geht den Strandweg noch etwas weiter, landet man bei der „Kajüte S.B.12", einem kleinen Imbiss mit kaltem Bier und gutem Wein. Hier kommen alle zusammen, in Pumps oder Gummistiefeln. Die Füße steckt man ja sowieso am besten nackt in den Sand.

LÜHMANNS TEESTUBE

TEESTUBE, BISTRO, BED & BREAKFAST

⊙ 31

Betritt man „Lühmanns Teestube", ist man kurz verwirrt. Alte dunkle Holzmöbel, feines Porzellan, über 40 Teesorten auf der Karte. Ist das hier noch Hamburg? Oder schon England? Eigentlich ja auch vollkommen egal, Hauptsache: schön und ein Stück Kuchen. Oder frischgebackene Scones mit Clotted Cream und Marmelade (die tatsächlich noch besser sind, als man sie sich vorstellt). Wer nicht mehr nach Hause möchte – was wir vollkommen verstehen würden –, kann ganz nach dem Vorbild eines englischen B & B in einem der zwei Einzel- oder zwei Doppelzimmer bei den Lühmanns übernachten. Frühstück (und Scones!) inklusive.

Blankeneser Landstraße 29, 22587 Hamburg
T 040 863441
luehmanns-teestube.de

Bed & Breakfast
T 040 860186
monika.luehmann@blankenese.de

STRANDPERLE

STRANDLOKAL

⊙ 32

Bier in die Hand, Füße in den Sand und den schweren Containerriesen beim Vorbeifahren zusehen. Auf einem kleinen Stück Elbstrand mitten in Hamburg liegt die „Strandperle", die sich längst den Status eines Klassikers verdient hat. In den 70er-Jahren tranken hier Bootsbesitzer, Lotsen und Rentner ihr Bier, während sie Karten spielten. Heute trifft man in der „Strandperle" noch immer echte Hamburger*innen jeder Couleur. Es geht unkompliziert zu und das Essen – Eggs Benedict, Sauerteigbrot mit Rührei, Käsebrötchen, Currywurst oder Fischsuppe – will nicht angeben und ist verlässlich gut. Und obwohl sich an heißen Sommerabenden kreuz und quer Stammgäste, Hamburg-Besucher*innen, Kinder und Hunde sammeln, ist der Service immer freundlich und souverän.

Övelgönne 60, 22605 Hamburg
info@strandperle-hamburg.de
strandperle-hamburg.de

GÄRTNEREI PETER JONAS

GÄRTNEREI

⊙ 33

Wer darüber staunen mag, wieviele Nuancen von Grün es gibt, oder einfach nach Blumen, Bäumen oder Gewächsen sucht, ist auf dem riesigen Hof der „Gärtnerei Peter Jonas" völlig richtig. Am kleinen Häuschen hinter dem Eingang kann man sich in Selbstbedienung Obst und Gemüse aus der Region in die Einkaufstasche packen. Ein Stück weiter werden Blumen und Bäume verkauft, dahinter stehen Gewächshäuser, in denen man sich ausführlich beraten lassen kann. Das ist sowieso das Allerschönste: mit Gärtner Peter Jonas zu fachsimpeln. Schwer vorstellbar, dass es eine Pflanze gibt, von der er noch nicht gehört hat.

Finkenwerder Landscheideweg 119,
21129 Hamburg-Finkenwerder
T 040 7425407

KIRSCH-KULTUR-ERBE

KIRSCHHOF

⊙ 34

Jedes Jahr fiebern wir diesem Besuch entgegen, denn der Hof hat nur wenige Wochen im Juni und Juli geöffnet. Dann blitzen zwischen viel Grün die roten Kirschen hervor. Seit über 300 Jahren wohnt hier die Familie Holst und hat sich dem Erhalt alter Kirschbäume verschrieben – obwohl der traditionelle Anbau eigentlich gar nicht mehr wirtschaftlich ist. Die Früchte der etwa 80 Bäume kann man kaufen, sie werden aber auch zu Marmelade und Saft verarbeitet. Wenn man Glück hat, kommt gerade ein frischer Kirschkuchen aus dem Ofen, den man mitten in diesem Alten-Land-Idyll noch warm essen kann.

Neuenfelder Fährdeich 29,
21129 Hamburg-Neuenfelde
T 0172 9707341
kirschkulturerbe.de

ELBBLICK-GRILL

IMBISS

Neuenfelder Hauptdeich 2,
21129 Hamburg-Finkenwerder

⊙ 35

Auf der einen Seite die Straße, auf der anderen raue Hafenindustrie: Direkt am Fähranleger in Cranz liegt ein unscheinbarer Imbiss, dem man auf den ersten Blick gar nicht ansieht, wie kultig er ist. Wie der „Elbblick-Grill" diesen Kultstatus erlangte, ist nicht gleich offensichtlich. Im knallroten Wagen gibt es Currywurst mit Pommes, dazu Biergarnituren zum Sitzen. Ein Ort, der in einem „Tatort" mitspielen könnte. Aber der Blick auf die Elbe, die Kräne und die Schiffe ist dann eben doch ziemlich außergewöhnlich. Und große Pötte plus eine große Portion Pommes sind sowieso immer eine gute Idee.

GROSSE ELBSTRASSE

VIERTEL

⊙ 36

Hinterm Fischmarkt beginnt die Große Elbstraße – und der echte Hamburger Fischmarkt. Denn während Tourist*innen und Kiezgänger*innen am frühen Sonntagmorgen ihren Fisch bei Aale-Dieter kaufen, geht es die Straße hinunter authentischer zu: In den kalt-nassen und mit Neonröhren beleuchteten Hallen des Altonaer Fischmarkts verkaufen alteingesessene Großhändler*innen ab Mitternacht ihre Ware an Restaurants, Supermärkte und Fischgeschäfte. Und das jede Nacht. Auch tagsüber ist das alte Fischereiviertel völlig unprätentiös: Der Duft von Fischbrötchen hängt in der Luft, am Horizont reihen sich die Kräne aneinander und am Straßen-

Große Elbstraße, 22767 Hamburg

rand einfache Fischimbisse und Bistros. Und doch wachsen die Kontraste, denn das Viertel geriet in den vergangenen Jahren immer stärker ins Blickfeld von Investoren. Schmucklose Häuser stehen so neben zeitgenössischer Architektur wie dem „Dockland“, einer Aussichtsplattform des Hamburger Architekten Hadi Teherani. Der alte Charme ist aber noch da, zum Beispiel im „Fischmarkt-Bistro“. Wer das übliche Backfischbrötchen-mit-Remoulade satt hat, sollte unbedingt vorbeischauen, denn hier gibt es mit die besten Fischbrötchen Hamburgs (wer Pulpo mag, bestellt den Black Pearl Octopusburger). Gleich um die Ecke, im rustikalen „Café Schmidt“, gibt es Brot und Brötchen, Kuchen und Törtchen – alles selbst gebacken. Und wer die perfekte Mischung aus Tradition und Moderne sucht, geht ins kleine, sehr gemütliche und sehr herzliche „Restaurant Marseille“ und lässt sich mit südfranzösischer Küche verwöhnen.

markt
Bistro
HAMBURG
Inhaber: Roland Teichmeier
FABIOS FISCH
Lachs - Burger
FISHBRÖTCHEN
MATJES
BISMARCK
BRATHERING
BACKFISCH
RÄUCHERLACHS
LACHSFRIKADELLE
NORDSEEKRABBEN
Fischfilet gebraten mit Kartoffelsalat oder Bratkartoffeln dazu Salatbeilage z.B.
Seelachs 14,50
Lachs 15,50
Thunfisch 15,50
Doradenfilet
Garnelen Teller
Fischmarkt Bistro HAMBURG
Testsieger !
Matjes
Bismarck
Brathering
Lachsfrikadelle
Räucherlachs
FABIOS BRÖTCHEN
Coke

ELBPHILHARMONIE

KONZERTHAUS

⊙ 37

Über die Elbphilharmonie lässt sich kaum etwas sagen, das nicht schon gesagt wurde. In kurz: Vom Milliardengrab zur weltweiten Ikone durchlief sie eine klassische Heldenreise und nach jahrelanger Hassliebe nennen die Hamburger*innen sie heute liebevoll „Elphi“. Sie steht exponiert an der Spitze zwischen Hafenbecken und Grasbrookhafen am rechten Ufer der Norderelbe und nimmt das Spiel mit dem Wasser in ihrer Architektur auf. Die einen erkennen ein Segel, andere Wellen, wieder andere sogar Eisberge. Von jedem Winkel des Hafens sieht man die Elbphilharmonie aus einer anderen Perspektive. An sonnigen Tagen glitzert sie, an trüben kämpft sie sich wie ein Schiff durch den Nebel. Wer es nicht in eines der Konzerte schafft, sollte unbedingt die Plaza mit Außenrundgang um das gesamte Gebäude in 37 Metern Höhe besuchen. Von hier hat man einen wunderbaren Blick auf Hafen, Elbe und Innenstadt – und das ganz kostenlos.

Platz der Deutschen Einheit 4, 20457 Hamburg
T 040 357 666 66
elbphilharmonie.de

OBERHAFEN

QUARTIER

⊙ 38

Ruckelige Kopfsteinpflasterstraßen, alte Gleisanlagen und lang gestreckte Lagerhallen aus Backstein: willkommen im Oberhafen! Lange fristete das Quartier zwischen HafenCity und Großmarkt ein recht trostloses Dasein als Lagerstätte, doch seit einigen Jahren ist hier dank niedriger Mieten ein Kreativviertel entstanden. Unbedingt besuchen muss man die windschiefe „Oberhafen-Kantine" gleich hinter der Oberhafenbrücke. Richtig gehört: Das Restaurant, in dem es hausgemachtes bodenständiges Essen wie Labskaus, Frikadellen und Grünkohl gibt, hat so richtig Schlagseite, bleibt seit 1925 aber hartnäckig stehen. Auch gut: die „Hobenkööк" (S. 108). Vorbeischauen sollte man auch bei der Interior-Designerin Johanna Schultz, die antike Möbel, verrückte Objekte und bunt-leuchtende Vintage-Buchstaben verkauft. Etwas weiter die Straße hinunter kommt man zur „Hanseatischen Materialverwaltung", einem gemeinnützigen Fundus, in dem man sogar noch verrücktere Requisiten, Materialien und Möbel leihen und kaufen kann. Mit Kindern und bewegungsfreudigen Erwachsenen auf jeden Fall „Die Halle" besuchen – eine riesige Parkour-Halle zum Rennen, Klettern und Springen.

20457 Hamburg
hafencity.com

6
6

HOBENKÖÖK

MARKTHALLE UND RESTAURANT

⊙ 39

„Hobenköök" – an diesem Namen bleibt man hängen. Das soll man auch. Er ist plattdeutsch und bedeutet ganz einfach: Hafenküche. Was der Name nicht sagt: Zur „Hobenköök" mitten im Oberhafen gehört auch eine Markthalle, in der fast ausschließlich regionale und saisonale Lebensmittel verkauft werden, aus denen im Restaurant – und da sind wir wieder bei der Hafenküche – überaus köstliche, norddeutsche Gerichte zubereitet werden. Die Produkte, die man hier findet, kommen von etwa 200 Produzent*innen aus dem Hamburger Umland. Das Team kennt sie alle und kann genau darüber Auskunft geben, wie ihre Produkte hergestellt wurden – und was sie so besonders macht. Wer mehr über ihre Herkunft erfahren möchte, kommt zum „Hoben-Schnack", bei dem man Lieferant*innen zum Gespräch mit einem passenden Drei-Gänge-Menü trifft.

Stockmeyerstraße 43, 20457 Hamburg
T 040 22865538
hobenkoeoek.de

100/200 KITCHEN

RESTAURANT

Brandshofer Deich 68, 20539 Hamburg
T 040 30925191
100200.kitchen

⊙ 40

Dieses Restaurant macht einiges anders. Das fängt bereits bei der Reservierung an, denn man kauft sein Ticket online und bezahlt das Menü im Voraus. Einmal angekommen, steigt man aus dem Fahrstuhl in einen komplett schwarz gestrichenen Raum. Die offene Küche mit stolzem Herd thront in der Mitte auf einem Podest. Rundherum stehen unterschiedlich lange Holztische, von denen man den Köch*innen bei der Arbeit zuschauen kann. Abends sieht man die Lichter des Hafens durch die bodentiefen Fenster blitzen. Anders ist auch die Grundidee, denn gekocht wird nach dem Head-to-tail- bzw. Leaf-to-root-Prinzip, also immer so, dass in einem Menü ein ganzes Tier oder eine Pflanze verarbeitet werden. Ohne Kompromisse. Die Speisekarte bekommt man auch erst ganz zum Schluss. Anders eben. Aber richtig gut!

GROSSTANKSTELLE BRANDSHOF

OLDTIMER-TANKSTELLE

⊙ 41

Wer erinnert sich nicht an seine Kindheit, als man mitten in der Nacht mit dem Auto in Richtung Urlaub aufbrach und dann zum ersten Mal an einer Tankstelle, dem Ziel schon viel, viel näher, die Augen wieder aufschlug? Die „Großtankstelle Brandshof" lässt dieses nostalgische Gefühl aufleben. Die historische Tankstelle verkauft zwar seit über 40 Jahren kein Benzin mehr (obwohl sich die Betreiber dafür stark machen, dass hier bald wieder Sprit aus den originalen Zapfsäulen fließt), besitzt allerdings eine auf Oldtimer spezialisierte Prüfstelle (jedes andere Fahrzeug ist aber genauso willkommen). Auch wenn man noch nicht richtig aus der Stadt raus ist, lohnt sich ein Stopp. Vor der Tür stehen hübsche Oldtimer zum Bewundern, und drinnen, im sogenannten Erfrischungsraum, trinkt und isst man inmitten einer 50er-Jahre-Einrichtung. Frühstück gibt es auch, und zwar schon ab 6 Uhr – herrlich bodenständiger Filterkaffee inklusive.

Billhorner Röhrendamm 4, 20539 Hamburg
T 040 782564
tankstelle-brandshof.de

GASOLIN

ENTENWERDER 1

CAFÉ

⊙ 42

Auf einem Ponton in der Norderelbe schwimmt das „Entenwerder 1“. Schon die Anreise macht Spaß – zu Fuß oder mit dem Fahrrad (mit dem Auto geht es auch, ist allerdings nicht ganz so schön) führt der Weg durch den idyllischen Elbpark Entenwerder. Über eine Stahlbrücke kommt man dann zum Café – einer Container-Konstruktion mit einem bunten Sammelsurium an Stühlen und Tischen. In der Mitte steht ein großer, mit Kupfer verkleideter Quader, der aus einer Kunstausstellung in Münster stammt: der „Goldene Pavillon“. Der Blick fällt auf den gegenüberliegenden Peutehafen. Zu essen gibt es leckeres Frühstück und kleine, feine Gerichte, zu trinken Craft Beer und herrlich duftenden Kaffee, der in direkter Nachbarschaft von den „Public Coffee Roasters“ geröstet wird. Das Café hat sich vom Geheimtipp zum Lieblingsort vieler Hamburger*innen entwickelt, daher lohnt ein Besuch vor allem unter der Woche.

Entenwerder 1, 20539 Hamburg
T 040 70293588
facebook.com/entenwerder1

ARNOLD
RITSCHER

WASSERKUNST ELBINSEL KALTEHOFE

INDUSTRIEDENKMAL, MUSEUM UND NATURPARK

⊙ 43

Vom Elbpark Entenwerder geht es zu Fuß, mit dem Fahrrad oder Auto über die Brücke auf die Wasserkunst-Insel Kaltehofe. Links sieht man schon kleine Türmchen und Teiche durch das Schilf blitzen, denn bis 1990 stand an dieser Stelle Hamburgs erste Filtrationsanlage, die Elbwasser in sauberes Trinkwasser umwandelte. Heute gibt es hier ein Museum für Wasserkunst, ein charmantes Café – und ganz viel Natur. Zum Beispiel, wenn man über den Naturerlebnispfad inklusive Wildkräuterwiesen, Vogelbeobachtungsplattform und Barfußpfad geht (übrigens kostenfrei).

Kaltehofe Hauptdeich 6–7, 20539 Hamburg-Veddel
T 040 788849990
wasserkunst-hamburg.de

HAFENMUSEUM HAMBURG

MUSEUM

⊙ 44

Das Hamburger Hafenmuseum liegt etwas abgelegen auf dem letzten Kaiensemble der Kaiserzeit, was einen aber keinesfalls von einem Besuch abhalten sollte. Auf dem Außengelände stehen riesige Kräne, im Hafenbecken liegt der kohlebefeuerte Schwimmdampfkran „MS Bleichen". Das alles kann angesehen und bestaunt werden (und staunen kann man hier wirklich: So hat man früher also in einer kleinen Kabine auf See gelebt!). Innen gibt es zahlreiche Exponate rund um den Schiffbau und die Schifffahrt in und um Hamburg, die Geschichten von alten Zeiten erzählen. Die besten Anekdoten bekommt man allerdings von manchen Museumsmitarbeiter*innen zu hören, denn einige von ihnen haben früher selbst im Hafen gearbeitet.

Australiastraße 50a, 20457 Hamburg-Wilhelmsburg
T 040 73091184
shmh.de/hafenmuseum-hamburg

SAUGER IV
04800480

WILHELMSBURG

RADTOUR (34 KM)

⊙ 45

Los geht die Radtour an den Landungsbrücken, vorbei am Hauptgebäude und dann mit dem Aufzug hinunter in den Alten Elbtunnel, um die Elbe zu unterqueren. Der fast 430 Meter lange Tunnel galt bei seiner Eröffnung 1911 als technische Sensation – und ist noch heute ein Erlebnis: die alten Fliesen, die Kälte da unten und die Stimmen, die so schön hallen. Auf der anderen Seite in Steinwerder kann man noch einmal einen neuen Blick auf die Elbphilharmonie werfen. Dann ist man in nur wenigen Radminuten Richtung Süden in Wilhelmsburg, das einmal als Arbeiterviertel entstanden ist. Durch das Hafen- und Gewerbegebiet gelangt man ins Reiherstiegviertel, dem Zentrum des bunt-kreativen Wilhelmsburg. Wer hier einen Stopp einlegen möchte, sollte auf der Dachterrasse des „Energiebunkers" (S. 124) oder beim „Wilhelmsburger Eisdealer" vorbeischauen, bei dem man so ungewöhnliche Sorten wie Omas Kuchenteig oder Tonkabohne bekommt. Über die Baumwiesenstraße fährt man anschließend weiter zum Inselpark Wilhelmsburg, der bei der Internationalen Gartenschau 2013 entstand. Weiter südwärts biegt man links auf den Radweg an der Kornweide ab und fährt auf dem Stillhorner Hauptdeich vorbei am Naturschutzgebiet Heuckenlock bis zur Bunthäuser Spitze (S. 126), wo sich die Elbe in Norder- und Süderelbe teilt. Zurück am Moorwerder Hauptdeich hält man sich rechts und fährt entlang der Norderelbe zum „Energieberg Georgswerder", einem alten Deponiehügel, der heute regenerative Energie produziert und dessen Gipfel man auf einem stählernen Pfad umrunden kann. Das dauert, weil die Aussicht so schön ist, dass man gar nicht weitergehen mag. Weiter nordwärts führt die Tour durch die Veddel an die U-Bahn-Haltestelle Elbbrücken, wo man den Radweg Richtung HafenCity nimmt. Durch den Lohsepark geht es anschließend über die Oberhafenbrücke bis zum Hamburger Hauptbahnhof. Und von hier aus mit der Bahn wohin man möchte.

20457 Hamburg
hamburg-tourism.de

TURTUR

PIZZERIA UND CLUB

⊙ 46

Das „TurTur“ ist nach Michael Endes friedlichem Scheinriesen aus „Jim Knopf“ benannt. Anders als im Buch trügt der Schein hier allerdings nicht – das „TurTur“ ist auch aus der Nähe betrachtet ein großartiger Laden. Ein ganz besonderer noch dazu, denn im Sommer ist er Pizzeria und Bar, im Winter ein Club. Im Sommer-„TurTur“ sitzt man auf der kleinen Terrasse direkt am Veringkanal (oder schaut bei schlechtem Wetter dem Regen zu, wie er von der Glasfassade tropft) und genießt die hausgemachte Pizza. Im Winter wird die gläserne Fassade komplett geschwärzt, damit man ungestört die Nacht durchtanzen kann. Beides sehr anders, beides sehr gut.

Am Veringhof 13, 21107 Hamburg-Wilhelmsburg
T 040 80007006
turtur-wilhelmsburg.com

VJU IM ENERGIEBUNKER

CAFÉ UND AUSSICHTSTERRASSE

⊙ 47

Lange Zeit war der mächtige Flakbunker ein ungenutztes Überbleibsel aus dem Zweiten Weltkrieg. Nach dem Krieg blieb er sich selbst überlassen und wurde erst zur Internationalen Bauausstellung Hamburg zu einem lokalen Kraftwerk umgebaut, in dem erneuerbare Energien produziert werden und das große Teile der Nachbarschaft im Reiherstiegviertel mit Strom und Wärme versorgt. Von Freitag bis Sonntag kann man auf die 30 Meter hohe Dachterrasse steigen und hat einen sagenhaft schönen Blick auf Hamburg und den Hafen. Im dort oben gelegenen Café kann man sich diesen Ausblick noch mit Frühstück, Kaffee, Kuchen oder Bier verschönern.

Neuhöfer Straße 7, 21107 Hamburg-Wilhelmsburg
T 0151 52701492
vjuimenergiebunker.de

HEUCKENLOCK MIT BUNTHÄUSER SPITZE

NATURSCHUTZGEBIET

21109 Hamburg-Wilhelmsburg
hamburg-tourism.de

⊙ 48

An der Süderelbe liegen zwei Naturschutzgebiete – nördlich das Heuckenlock, südlich Schweenssand. Diese Sumpf- und Wasserwildnis mit ihren Tideauwäldern ist das Zuhause außergewöhnlich vielfältiger und geschützter Pflanzen und Tiere, weshalb nur ein kleiner Teil des Heuckenlocks begehbar ist. Belohnt wird man auf diesem etwa 1,5 Kilometer kurzen Stück dafür mit einer urigen, fast unberührten Uferlandschaft. Starten kann man an der Bushaltestelle Moorwerder Hauptdeich 69. Von hier aus kommt man vom Deich zum namengebenden Heuckenlock, einem je nach Gezeitenplan mit Wasser gefüllten oder trockenliegenden Arm der Elbe, den man über einen Metallsteg überquert. Dann folgt man einfach dem schmalen, teilweise zugewachsenen Pfad, bis man durchs Dickicht wieder vor dem Deich auf Höhe der Bushaltestelle ankommt. Von dort aus spaziert man weitere 20 Minuten zur Bunthäuser Spitze – mit entzückendem Leuchttürmchen und einem tollen Blick auf die Elbe, die sich hier in Norder- und Süderelbe trennt.

KANAL 77

HOTELSCHIFF

Lotsekai 8, 21098 Hamburg
T 0176 47399041
schlafenimhafen.de

⊙ 49

Betritt man das Hotelschiff „Kanal 77", kann man kaum glauben, dass es in seinem ersten Leben als Schüttgutfrachter viele Jahrzehnte lang schwer beladen auf Europas Flüssen und Kanälen unterwegs war. Denn wo früher Kohle, Salz oder Sand lagerten, finden sich heute vier Doppelzimmer und eine Suite für Gäste, die gern mal auf dem Wasser wohnen und übernachten wollen. Der Stil: schlicht und modern, aber nicht kühl, mit Holzdielen, zum Kleiderschrank umgebauten Spinden und Bullaugen. Angst, an Bord seekrank zu werden, muss man übrigens keine haben: Das Schiff liegt schwer im Wasser und wird nur selten von anderen Booten gestört, sodass es nur sachte schaukelt. Seinen neuen Namen als Hotelschiff hat die alte „Lydios" übrigens von einem Funkkanal, dem Kanal 77. Während auf den meisten Kanälen in knappen Worten kommuniziert wurde, war dieser für die Schiffer*innen einfach nur zum Schnacken da. Schöne Idee.

Privat
Lotsekai

VIER- UND MARSCHLANDE

RADTOUR (45 KM)

⊙ 50

Die Vier- und Marschlande werden gern als Hamburgs Garten bezeichnet, was gut passt, weil hier nicht nur Blumen, sondern auch jede Menge Obst und Gemüse angebaut werden. Startet man am S-Bahnhof Bergedorf, ist man schon nach wenigen Radminuten von Gemüsefeldern und Blumenbeeten umgeben. Über den Weidenbaumsweg fährt man unter der Autobahn hindurch und gelangt über den Schleusendamm zum Curslacker Deich. Hier steht das wunderschöne „Rieck Haus" – eines der ältesten erhaltenen Bauernhäuser in Norddeutschland, das auch zur Besichtigung offen steht. Anschließend fährt man durch die Dörfer Curslack und Neuengamme und biegt in den Jean-Dolidier-Weg ab, vorbei an der KZ-Gedenkstätte Neuengamme. Wer noch Lust auf einen Abstecher hat, fährt zum „Hof Eggers" (S. 132) und von dort in Richtung „Zollenspieker Fährhaus" (S. 134). Hier kann man mit der Fähre die Elbe nach Hoopte überqueren oder fährt über den Kirchwerder Mühlendamm und den Kirchwerder Marschbahndamm durch das Naturschutzgebiet Kirchwerder Wiesen nach Fünfhausen und dann über den Durchdeich und den Ochsenwerder Norderdeich nach Ochsenwerder, vorbei am „Wasserpark Dove-Elbe" (S. 138). Bei Allermöhe überquert man schließlich die Dove-Elbe und landet sofort mitten im Stadt- und Verkehrstrubel. Über den Mittleren Landweg ist man in wenigen Minuten am gleichnamigen S-Bahnhof – und fährt entspannt mit der Bahn nach Hause.

21031 Hamburg
hamburg-tourism.de

HOF EGGERS

HOFCAFÉ UND FERIENWOHNUNGEN

⊙ 51

Umgeben von Wiesen und alten Bäumen wirkt der Bauernhof, als sei er schon immer da gewesen. Hier scheint er einfach hinzugehören, und tatsächlich liegt der Bauernfamilie sehr viel daran, den Hof im respektvollen Einklang mit der Natur zu betreiben. Die Tiere – Kühe, Schweine, Ponys, Hühner, Hasen, Gänse, Schafe, Hund und Katzen – werden mit selbst angebautem Futter gefüttert und die Felder ökologisch-nachhaltig bewirtschaftet. Mehr über all das erfahren kann man auf dem Rundwanderweg – einem etwa 30-minütigen Spaziergang rund um den Hof – oder im Gespräch mit den Hofmitarbeiter*innen. Natürlich kann man sich auch einfach mit einem Stück Kuchen ins Hofcafé setzen und die Landschaft genießen. Kinder können sich hier tagelang beschäftigen. Und wer länger bleiben möchte, mietet sich eine der vier gemütlichen Ferienwohnungen mit Namen wie „Storchennest“ oder „Fuchsbau“.

Kirchwerder Mühlendamm 5,
21037 Hamburg-Kirchwerder
T 040 72377385
hof-eggers.de

ZOLLENSPIEKER FÄHRHAUS

HOTEL, RESTAURANT UND BAR

⊙ 52

Hier, am südlichsten Punkt der Hamburger Elbe, herrscht pure Deichromantik, und man lässt jede Hektik und allen Stress sofort hinter sich. Das „Zollenspieker Fährhaus" blickt auf eine lange Geschichte, seine Grundmauern gehen bis auf das Jahr 1252 zurück. Heute gibt es hier ein Vier-Sterne-Hotel, ein Restaurant mit Wintergarten und Vinothek, eine Kaminbar und einen Biergarten. Unser Liebling ist jedoch das Pegelhäuschen – das kleinste Restaurant der Welt. In diesem winzigen Häuschen sitzt man auf der Elbe und schaut direkt aufs Wasser, drinnen haben maximal vier Personen Platz. So intim ist es selten. Mit exklusiven Kellner*innen, die so oft wie nötig, aber so wenig wie möglich vorbeischauen – selbstverständlich immer mit Anklopfen. Wer im Pegelhäuschen essen möchte, muss rechtzeitig reservieren. An den Wochenenden ist das Restaurant meist auf Monate ausgebucht.

Zollenspieker Hauptdeich 141,
21037 Hamburg-Kirchwerder
T 040 7931330
zollenspieker-faehrhaus.de

MIETEN SIE
EXKLUSIV DAS
KLEINSTE RESTAURANT
DER WELT!

WASSERPARK DOVE-ELBE

BADESTELLE UND WASSERSPORT

⊙ 53

Die Dove-Elbe schlängelt sich idyllisch durch die Vierlande und entstand, als der frühere Elbarm im späten Mittelalter vom Hauptstrom durch Abdeichung getrennt wurde. Übrig blieb der taube – auf niederdeutsch: dove – Seitenarm. Entlang der 18 Kilometer langen Dove-Elbe gibt es zahlreiche Anleger mit Einstieg ins Wasser. Da das sehr ruhig ist, eignet es sich perfekt zum Schwimmen, aber auch zum Kanufahren, Paddeln und Rudern. In den 80er-Jahren wurde hier die Regattastrecke Allermöhe gebaut, die heute noch genutzt wird. Der Beobachtungsturm des dazugehörigen Wassersportzentrums dient an wettkampffreien Tagen als Aussichtsplattform. Wichtig zu wissen: Im nördlich des Wasserparks gelegenen Eichbaumsee ist das Baden aufgrund von Blaualgenbelastung verboten. Wer mit den Öffentlichen anreisen möchte, steigt an der S-Bahn Mittlerer Landweg in den Bus 321 bis zur Haltestelle Eichbaumsee.

Allermöher Deich 70,
21037 Hamburg

DIE MITTELELBE
ZWISCHEN GEESTHACHT UND WITTENBERGE

Ab Geesthacht ist die Elbe wieder ein ganz anderer Fluss. Eine Staustufe begrenzt den Einfluss der Gezeiten und es beginnt die tideunabhängige Mittelelbe. Hier ist sie sanfter, kleiner und so ungefährlich, dass man auch in ihr schwimmen darf. An ihren Ufern bringt sie grüne Auen, dichte Wälder und großen Artenreichtum hervor. Und überall, an Häusern und Bäumen, auf Straßen oder mitten im Feld, begegnet einem ein gelbes X – das Symbol der hiesigen Anti-Atom-Bewegung. Sie lockte viele Künstler*innen, Alternative und Menschen an, die sich intensiv mit den ökologischen und sozialen Fragen unserer Zeit auseinandersetzen. So versprüht die Gegend, insbesondere im Wendland mit seinen Kommunen und alternativen Gemeinschaften, einen ganz eigenen, hippiesken Charme.

DIE MITTELELBE

⊙ *Fortlaufend nummerierte Ziele*

TRITTAU
SCHWARZENBEK
GEESTHACHT
54
55
LAUENBURG (ELBE)
56–57
58
LUDWIGSLUST
BLECKEDE
59
LÜNEBURG
60
Elbe
61
HITZACKER (ELBE)
62
63
64
65
66–67
LENZEN (ELBE)
70
PERLEBERG
WITTENBERGE
68
69
LÜCHOW
0
5
10
15 km
N

GEESTHACHT

RADTOUR (30 KM)

⊙ 54

Alfred Nobel, der Mann, der die Nobelpreise gestiftet hat, erfand im Geesthachter Ortsteil Krümmel das Dynamit, 1866 war das. Nicht gewusst? Wir auch nicht. Genau deshalb lohnt sich hier eine Radtour der etwas anderen Art. Geesthacht hat eine lange Industrie- und Technikgeschichte und ist heute der größte Forschungsstandort Norddeutschlands. Die Techniktour, gekennzeichnet mit orangefarbenen Schildern, auf denen ein Zahnrad zu sehen ist, startet an Europas größter Fischaufstiegsanlage, die 550 Meter lang ist und aus 49 Einzelbecken besteht. Danach geht es über die Elbe, vorbei an der Schleuse und dem Hafen, in dem neun Eisbrecher stationiert sind. Immer am Fluss entlang passiert man die ehemalige Pulverfabrik Düneberg, das GeesthachtMuseum! und die historische Dampflok „Karoline", die immer noch so gut in Schuss ist, dass sie an jährlich sechs Wochenenden auf ihrer alten Strecke zwischen Bergedorf und Krümmel fährt. Von hier aus geht es, immer weiter die Elbe lang, vorbei an Pumpspeicherkraftwerk, Dynamitfabrik und Kernkraftwerk Krümmel, am Krümmeler Wasserturm und am Helmholtz-Zentrum Geesthacht mit seinen zwei Forschungsreaktoren. Es folgen die Orte Hamwarde, Worth, Hohenhorn und Bistal, bis man wieder an der Fischaufstiegsanlage ankommt.

21502 Geesthacht
herzogtum-lauenburg.de/techniktour-geesthacht

350

ELBKANTINCHEN

FREILUFTLOKAL

⊙ 55

Unter alten Segeln sitzt man auf Holzbänken in einem blühenden Garten nur ein paar Schritte vom Wasser entfernt. Die Schiffe tuckern vorbei, manchmal legt ein Ausflugsschiff am Anleger Tesperhude an. Im „Elbkantinchen“ geht es unkompliziert zu: Getränke und Speisen holt man sich an der Theke, die Kinder spielen im Sandkasten, die Großen machen es sich gemütlich. Für Kaffeetrinker*innen gibt es sowohl Espresso als auch handgebrühten Filterkaffee wie früher bei Oma. Außerdem kleine, feine Gerichte wie eine „volle Kelle“ Suppe, Wildbratwurst oder eine Waffel mit Vanilleeis und Kompott. Da will man so schnell nicht wieder aufstehen, sondern auf den Sonnenuntergang warten. Der ist hier ganz besonders schön.

Strandweg 1, 21502 Geesthacht
T 0171 9718686
elbkantinchen.de

LAUENBURG

STADT

⊙ 56

Wenn eine Stadt es sich verdient hat, malerisch genannt zu werden, dann ist es Lauenburg. Stundenlang kann man durch die historische Altstadt flanieren und all die entzückenden und reich verzierten Fachwerkhäuschen bestaunen (das älteste wurde 1573 errichtet). Es gibt hübsche Läden, kleine Cafés und urige Restaurants, allerdings haben viele besonders unter der Woche sehr begrenzte Öffnungszeiten. Es lohnt also, sich vorher schlau zu machen. Ansonsten setzt man sich einfach mit einem Eis ans Elbufer, da ist immer ein Plätzchen frei.

21481 Lauenburg
lauenburg.de

HOTEL BELLEVUE

RESTAURANT

⊙ 57

Sobald man das „Hotel Bellevue“ betritt, landet man in den 60er-Jahren: die Wandverkleidung, die Tapeten, die Gardinen, die Möbel, die Lampenschirme, sogar der Plastik-Ficus – die Einrichtung der Lobby und des Restaurants wird größtenteils von der Erstausstattung des 1956 gegründeten Hotels gestellt. Fast genauso einzigartig ist der Blick, den man von der verglasten Veranda und vom Garten aus auf die Elbe hat, weil das „Bellevue“ erhaben auf einem Hügel liegt. Zu essen gibt es Frühstück sowie gutbürgerliche Küche zum Mittag und Abend. Perfekt für ein kleines Päuschen und in den Sommermonaten täglich geöffnet.

Blumenstraße 29, 21481 Lauenburg
T 04153 2318
hotel-bellevue.de

ZIEGENHOF GÜLZER GEISSEN

KÄSEMANUFAKTUR

⊙ 58

Es begann mit fünf jungen Ziegen und dem Wunsch, Käse für den Eigenbedarf herzustellen. Mittlerweile leben auf dem Hof im kleinen Dorf Gülze über 70 milchgebende Ziegen, die zweimal täglich gemolken werden. In der kleinen Hofkäserei werden mit viel Hingabe und Sorgfalt leckerster Quark, Frisch-, Weich- und Schnittkäse hergestellt, so gut, dass sie 2017 von „Slow Food“ mit dem Norddeutschen Käsepreis ausgezeichnet wurden – und so beliebt, dass der Marktwagen fast jeden Tag auf unterschiedlichen Märkten unterwegs ist, zum Beispiel in Hamburg-Eimsbüttel und -Bergedorf. Wer den Käse vor Ort abholen oder Stall und Ziegen einmal sehen möchte, sollte deshalb vorher kurz anrufen.

Am Gülzer Wald 10, 19273 Teldau
T 038844 23491
guelzer-geissen.de

PLAN B

CAFÉ UND BISTRO MIT ANTIK-VERKAUF

⊙ 59

Blechkuchen, Bratwurst oder Belugalinsen – im Café „Plan b“ gibt es nur Speisen mit dem Anfangsbuchstaben B auf der Karte (manchmal wird ein wenig geschummelt und aus der Fruchttorte eine Beerentorte). Direkt am Elberadweg, im 80-Seelen-Dorf Stiepelse, liegt das verwunschen-gemütliche Café mit dem dazugehörigen Antikladen „Wandelbar“. Im Sommer sitzt man zwischen Rosengewächsen und Weinreben im Hof, im Innenbereich des rustikalen Bistros findet man wahre Schätze: üppige Blumentöpfe, antike Landhausstühle, massive Tische und Kristallgeschirr. Wenn man sich in ein ganz besonders schönes Stück verguckt hat, kann man es sich mit hoher Wahrscheinlichkeit einpacken lassen und mit nach Hause nehmen.

Elbstraße 5, 19273 Stiepelse
T 0172 372 68 29
plan-b-stiepelse.de

HOFLIEBE

CAFÉ

⊙ 60

Direkt am Elberadweg, zwischen Lauenburg und Hitzacker, liegt das Café „Hofliebe". Das ist genauso, wie es klingt: Die Begrüßung ist herzlich, und am Samstag und Sonntag (im Sommer auch Freitagnachmittag) gibt es erstklassigen Kaffee und großzügige Torten im schönen Garten. Hinterher kann man in skandinavischen Wohnaccessoires stöbern, denn die werden hier auch verkauft. Dann fährt man ein wenig schwerer, aber auch deutlich beschwingter weiter.

Wiesenweg 4, 21354 Walmsburg
T 05853 292
hofliebe-cafe.de

MICHAELSHOF SAMMATZ

BEGEGNUNGSHOF

⊙ 61

Man könnte hier Tage verbringen und würde wahrscheinlich immer noch Neues entdecken. Der „Michaelshof Sammatz“ ist eher ein ausgewachsenes Dorf als ein Hof, begreift sich als Lebens- und Arbeitsgemeinschaft und beherbergt Helfer*innen aus aller Welt, die für Kost und Logis auf dem Hof arbeiten. In der Dorfmitte lädt ein Café mit großer Terrasse zum Pausemachen ein, doch der wahre Zauber passiert drum herum. Die vielen roten Kieswege führen zu den unterschiedlichsten Ecken, und es lohnt sich, jedem einzelnen Weg nachzuspüren. Einer führt zu einem Rosengarten, der besonders im Juni duftet, ein anderer zu einem tropischen Gewächshaus und einer Vogelvoliere mit bunten Papageien und Sittichen. Es gibt einen riesigen Spielplatz, einen Hofladen und Ställe. Und dann wäre da noch der Waldsee, der umgeben von blühenden Terrassenbeeten und Steinmäuerchen hinter einer kleinen Anhöhe liegt. Betreten, anfassen, streicheln, anquatschen – das alles ist auf dem „Michaelshof“ ausdrücklich erlaubt.

Im Dorfe 11, 29490 Sammatz
T 05858 97030
michaelshof-sammatz.de

HITZACKER

STADT

⊙ 62

Das kleine Städtchen Hitzacker an der Einmündung des Flüsschens Jeetzel in die Elbe hat fast schon hippieskes Flair. Die Einwohner*innen scheinen entspannt, alternative Lokale wie das „Café Albis“ oder das blau-rote Hausbootcafé „Hiddos Arche“ auf der Jeetzel sowie die zahlreichen Kunsthandwerkstätten sorgen für Entschleunigung. Die wunderschöne Altstadt mit ihren Fachwerkhäusern und schmalen Gassen liegt auf einer Insel. Den schönsten Blick auf sie und die umliegende Elbtalaue hat man übrigens vom angrenzenden Weinberg. Weil der Elberadweg direkt an Hitzacker vorbeiführt, gibt es hier zahlreiche Pensionen und Hotels für Fahrradfahrende und Wandernde. Auch gut zu wissen: In Hitzacker kommt man mit der Fähre über die Elbe nach Bitter.

29456 Hitzacker
elbtalaue.de

WASSERMÜHLE IM WENDLAND

FERIENHAUS

Mühle 17, 29479 Jameln
nele@harlans.net

⊙ 63

Sobald man die alte Wassermühle betritt, fühlt man sich wie verzaubert. Dieses Haus ist in den letzten Jahren ein ganz besonderes Juwel geworden. Die Gastgeberfamilie, die an den Wochenenden meist selbst hier wohnt, hat die früher recht heruntergerockte Mühle mit so viel Liebe, Geduld und Talent renoviert und eingerichtet, dass man gar nicht wieder weg will. Noch dazu steht sie in einem riesigen, blühenden Garten, umgeben von Feldern, Wiesen und einem kleinen Mühlenteich. Innen gibt es – verteilt auf fünf Schlafzimmer, eine Küche und das vielleicht schönste Badezimmer der Welt – alles, was man braucht. Dazu noch vieles, das man sich nach der Heimkehr gern für sein eigenes Zuhause anschaffen will.

DÖMITZER EISENBAHNBRÜCKE

INDUSTRIEDENKMAL

⊙ 64

Mitten in die grüne Landschaft ragt ein imposantes Stück Zeitgeschichte: die alte Dömitzer Eisenbahnbrücke. Ursprünglich verband sie die beiden Elbufer, doch wenige Wochen vor Ende des Zweiten Weltkriegs zerstörten alliierte Bomber die 1.050 Meter lange Brücke, die danach nie wieder aufgebaut wurde, weil die deutsche Teilung dazwischenkam. Heute stehen noch eine Bastion und 16 Bögen am linken Elbufer bei Dömitz – sie wirken, als würden sie bis zum Ende aller Tage durchhalten wollen. Im Sommer kann man hier schön durch die Wiesen spazieren und am Fuß der Brücke picknicken.

19303 Dömitz
doemitz.de

SCHMÖLENER DÜNE

RUNDWEG

⊙ 65

Die Elbtaldüne bei Klein Schmölen ist in der letzten Eiszeit entstanden und – zwei Kilometer lang, 600 Meter breit und an manchen Stellen bis zu 30 Meter hoch – die größte Binnenwanderdüne Europas. Vom Parkplatz am Schmölener Brack aus kann sie auf einem Rundweg erwandert werden. Der Weg führt hoch auf die Düne, von der aus man einen fantastischen Ausblick auf die Umgebung hat, durch den angrenzenden Kiefernwald, ins Löcknitztal und bis zum Schmölener Brack, einer kleinen Naturbadestelle. Wer sich nicht allein mit Schönheit begnügt, sondern sich für die Entstehung und die Besonderheiten der Landschaft interessiert, kann auch gemeinsam mit einem Ranger wandern.

Klein Schmölen, 19303 Dömitz
T 038851 3020
elbetal-mv.de

PFARRHAUS MÖDLICH

FERIENWOHNUNGEN

⊙ 66

Egal, ob die Sonne am knallblauen Himmel strahlt, der Nebel tief über der Elbtalaue hängt oder Regen die Landschaft grau färbt – das hier ist ein magischer Ort. Über viele Jahre stand das Pfarrhaus von 1865 leer und verlassen am Elbdeich, bis es vom Gastgeberpaar liebevoll restauriert und eingerichtet wurde. Das Ergebnis: lehmverputzte Wände, historische Dielenböden und Türen, gemütliche Kachelöfen und rustikal-elegante Möbel in gedeckten Farben, dazu ein 15.000 Quadratmeter großer Garten. Es stehen drei Wohnungen zur Verfügung – eine für zwei, eine für vier, die größte unter dem Dachstuhl für bis zu sieben Gäste, man kann aber auch das ganze Haus mieten. Wer Ruhe braucht, sich an Natur erfreuen oder einfach mal wieder nur sein will, ist hier wirklich gut aufgehoben.

Lenzener Straße 23, 19309 Mödlich
T 038792 7790
pfarrhaus-moedlich.de

ELBEGLÜCK

PENSION, FERIENWOHNUNGEN UND GARTENLOKAL

Lenzener Straße 13, 19309 Mödlich
T 038792 7790
pension-am-elbdeich.de

⊙ 67

„Elbeglück" – so einfach der Name, so wahr ist er doch. Die Apartments und Ferienwohnungen wurden mit viel Liebe restauriert und schlicht, aber elegant mit alten Holzmöbeln, gemütlichem Leinen und hübschen Kronleuchtern eingerichtet. Die Gastgeberfamilie, zu der auch ein verspieltes Hund-Katze-Duo gehört, empfängt herzlich und gibt sich alle Mühe, dass es einem gut geht. Morgens sitzt man beim Frühstück gemeinsam mit den anderen Gästen an einem großen Tisch, erzählt einander Geschichten und vergleicht die zurückgelegten Fahrradkilometer. Das Gartenlokal liegt direkt am Elberadweg und hat im Sommerhalbjahr selbst gekochte Gerichte und Kuchen im Angebot. Und wer nicht mit dem eigenen Fahrrad hier ist, kann sich einfach eines aus dem Schuppen leihen und die Umgebung erkunden.

ZUR SCHLOSSECKE

IMBISSWAGEN

⊙ 68

Der „Wildladen Schloss Gartow" verkauft immer freitags und samstags Wildprodukte aus den Wäldern der Grafenfamilie von Bernstorff, dazu ausgewählte Delikatessen und Spezialitäten. Zum Wildladen gehört auch der Imbisswagen „Zur Schlossecke", der von Montag bis Freitag an der Ecke vor dem Schloss steht und von Königsberger Klopsen über Bratwürste bis hin zu Burgern wechselnde und ausgezeichnete Wildgerichte zum Mittag serviert. Dabei kann es schon mal vorkommen, dass man den Grafen höchstpersönlich beim Mittagessen trifft.

Hauptstraße 6, 29471 Gartow
T 05846 1269
bernstorff.de/aktuelles/hofladen-schloss-gartow

ANNE ~ ELBE

CAFÉ

⊙ 69

Direkt am Elberadweg, an Elbkilometer 459,5, wartet das Flusscafé „Anne ~ Elbe“. Gerade einmal 21 Quadratmeter groß ist das Fachwerkhäuschen, das früher einmal der Schuppen eines Fährmanns war. Im Winter wärmt man sich am gemütlichen Kaminofen in der Ecke, im Sommer sitzt man draußen auf dem Deich unter der großen, alten Bruch-Weide. Serviert werden selbst gebackenes Brot, süße und herzhafte Pfannkuchen, Pasta, Suppen, Salat – und natürlich Kuchen. Der Kaffee ist direkt gehandelt, die Getränke kommen aus der Region – darunter drei exklusive, handgebraute Biere. Alles ist vegetarisch, und die meisten Zutaten werden frisch aus dem eigenen Garten geerntet. Wenn man schon mal hier ist: unbedingt Störche gucken! Denn in Wahrenberg leben so viele Weißstörche wie fast nirgends sonst in Deutschland. Über die Elbe kommt man hier übrigens nur wenige Kilometer stromaufwärts dank Brücke auch mit dem Auto.

Am Elbdeich 68, 39615 Wahrenberg
T 039397 41559
flusscafe.de

Come In
WE'RE
OPEN

ANTIK CENTER GLÖVZIN

ANTIQUITÄTENHANDEL

⊙ 70

Die Hofeinfahrt ist unscheinbar, aber man sollte sie nicht verpassen. Denn schon auf dem Hof sieht man die ersten Stücke mit schöner Patina, im Gebäude selbst stößt man auf eine riesige Auswahl: Auf 3.000 Quadratmetern bieten hier mehrere Händler*innen schöne Möbel, alte Türen und Zäune, Leinen, Porzellan, Glas und alle möglichen anderen Raritäten an, und das zu wirklich guten Preisen. Wir können nur dazu raten, das ganz große Auto mitzunehmen.

Premsliner Straße 37, 19357 Karstädt
T 0160 97369896
sites.google.com/view/antik-center-gloevzin

Hetlinger Schanze | Die Unterelbe

ELBFÄHREN, ELBBRÜCKEN UND ELBERADWEG

FÄHREN & FÄHRZEITEN

Glückstadt – Wischhafen

Ganzjährig: ab Glückstadt bis 23.15 Uhr, ab Wischhafen bis 22.30 Uhr
T 04124 2430

Kronsnest – Krückau

Mai bis Oktober: SA 12–18 Uhr, SO und Feiertage 10.30–18 Uhr
T 04121 21399

Lühe – Schulau

April bis 25. Oktober: täglich ab Lühe bis 18.10 Uhr, ab Schulau bis 18.40 Uhr
26. Oktober bis März: MO bis FR ab Lühe bis 18.10, ab Schulau bis 18.40 Uhr
mit Einschränkungen in der Mittagszeit
T 04141 788667

Landungsbrücken – Finkenwerder

Ganzjährig: Linie 62 ab Landungsbrücken bis 23.45 Uhr,
ab Finkenwerder bis 23.15 Uhr mit Halt an Landungsbrücken – Altona (Fischmarkt) – Dockland (Fischereihafen) – Neumühlen – Bubendey-Ufer – Finkenwerder
T 040 3117070

Cranz – Blankenese

April bis September: täglich ab Cranz 7–20 Uhr, ab Blankenese 6.30–20.30 Uhr
Oktober bis März: MO bis FR ab Cranz 7–17 Uhr, SA und SO 9–16 Uhr;
MO bis FR ab Blankenese 6–17.30 Uhr, SA und SO 9.30–16.30 Uhr
T 040 3117070

Hoopte – Zollenspieker

März bis November: MO bis FR 7–19 Uhr, SA, SO und Feiertage 9–19 Uhr
T 040 7684194

Bleckede – Neu-Bleckede

Ganzjährig: MO bis SA 5–23 Uhr, SO und Feiertage 9–21 Uhr
Bei Hoch- und Niedrigwasser eingeschränkter Fahrplan
T 0174 6896529

Neu-Darchau – Darchau
Ganzjährig: MO bis SA 5.30–21 Uhr, SO und Feiertage 9–21 Uhr
T 0160 99162836

Hitzacker – Bitter
April bis 15. Oktober: täglich 9–18 Uhr und nach Absprache
T 0160 95960668

Pevestorf – Lenzen
15. April bis September: MO bis FR 6–21 Uhr, SA, SO und Feiertage 8–21 Uhr;
Oktober bis 16. April: MO bis FR 6–20 Uhr, SA, SO und Feiertage 8–20 Uhr
T 0151 59406812

Schnackenburg – Lütkenwisch
Mai bis August: MO bis FR 6–21 Uhr, SA, SO und Feiertage 8–21 Uhr;
September bis April: MO bis FR 6–20 Uhr, SA, SO und Feiertage 8–20 Uhr
T 0151 61640199

Weitere Informationen auf:
kurs-elbe.de/faehrzeiten

ELBBRÜCKEN
Elbbrücken, die man mit dem Auto überqueren kann, gibt es in Hamburg, bei Geesthacht, bei Lauenburg, bei Dömitz und bei Wittenberge.

ELBERADWEG
Der Elberadweg führt auf über 1.300 Kilometern von der Flussquelle im tschechischen Riesengebirge bis zum Wattenmeer auf beiden Seiten der Elbe entlang. Von Cuxhaven bis Wittenberge befindet man sich auf dem Elberadweg Nord auf Abschnitt A bis F. Den Weg weist das blau-weiße Elberadweg-Logo. Wer einmal müde wird, kann streckenweise auch auf Fahrradbusse umsteigen, die Wanderer und Radfahrer samt Rad mitnehmen oder das schwere Gepäck schon einmal vorfahren.
elberadweg.de

CAMPING- UND STELLPLÄTZE

DIE UNTERELBE

Campingplatz Wattenlöper Cuxhaven
Cuxhavener Straße 57, 27476 Cuxhaven
T 04721 426051, wattenloeper.de
Geöffnet: März bis November

Camping am Nordseedeich
Süderdeich 4, 25718 Friedrichskoog
T 04854 9045819, camping-am-nordseedeich.de
Geöffnet: ganzjährig

Campingplatz See Achtern Diek
Am Campingplatz 3, 21762 Otterndorf
T 04751 2933,
otterndorf.de/tourismus/campingplatz
Geöffnet: März bis Oktober

Stellplatz Familie Hink
Siethwende 14, 25576 Brokdorf
T 04858 363
Geöffnet: ganzjährig

Fährhaus Hodorf
Dorfstraße 14, 25569 Hodorf
T 0152 09403445, faehrhaus-hodorf.de
Geöffnet: ganzjährig

Stubbe's Gasthaus
Lühe 46, 21635 Jork
T 04142 2535, stubbes-gasthaus.de
Geöffnet: ganzjährig

DIE ELBE IN HAMBURG

ElbeCamp
Falkensteiner Ufer 101, 22587 Hamburg
T 040 812949, elbecamp.de
Geöffnet: April bis Oktober

Parkplatz Elbemeile
Große Elbstraße 3, 22767 Hamburg
Geöffnet: ganzjährig

Parkplatz am Strand Pauli
St. Pauli Hafenstraße 89, 20359 Hamburg
T 040 230120
Geöffnet: ganzjährig

Wohnmobilhafen Hamburg
Süderstraße 8, 20097 Hamburg
T 040 30091890,
wohnmobilhafen-hamburg.de
Geöffnet: ganzjährig

Elbepark Bunthaus
Moorwerder Hauptdeich 33, 21109 Hamburg
T 040 18047215,
elbepark-bunthaus.de
Geöffnet: März bis Oktober

Camping Land an der Elbe
Stover Strand 7, 21423 Drage
T 04176 327, camping-land-online.de
Geöffnet: April bis Oktober

DIE MITTELELBE

Campingplatz Stover Strand International
Stover Strand 10, 21423 Stove
T 0417 7439, camping-stover-strand.de
Geöffnet: ganzjährig

Camping Elbeling – Bleckede
Am Deich 9, 21354 Bleckede
T 05857 555
Geöffnet: März bis Oktober

Garten-Café Elbterrasse
Am Elbdeich 20, 29472 Damnatz
T 0172 4524999,
garten-cafe-elbterrasse.business.site
Geöffnet: April bis September

WasserWanderZentrum Dömitz
An der Schleuse 1, 19303 Dömitz
T 0151 52019020, wwz-doemitz.de
Geöffnet: April bis November

Stellplatz am Rudower See
Rekener Straße 1, 19309 Lenzen
T 03879 250960
Geöffnet: ganzjährig

Storchenwiesen
Eichenwinkel/Lindenweg, 39615 Wahrenberg
T 03393 9731171
Geöffnet: ganzjährig

LUST AUF MEHR?

WOCHENENDER – DAS REISEBUCH ZUM RUNTERKOMMEN

Die WOCHENENDER-Reihe führt in großartige Gegenden, die nicht weit entfernt liegen von den großen Städten. Gezeigt werden wunderbare Orte, Lokale, Läden und Übernachtungsmöglichkeiten. Für ein Wochenende oder länger. Zu jeder Jahreszeit. Mit lieben Menschen oder allein.

REISEN SIE MIT UNS!

Auf unseren Reisen entdecken wir so viele wunderbare Orte, die es aus Platzgründen leider nicht alle ins Buch schaffen. Um sie Ihnen trotzdem zeigen zu können, sammeln wir sie auf unserem Blog auf wochenender-buch.de. Außerdem stellen wir hier Gründer*innen, Gastronom*innen, Gastgeber*innen und Urgesteine aus der Region und ihre Geschichten vor. Schauen Sie unbedingt rein, wir freuen uns auf Sie!

Blog: wochenender-buch.de
Instagram: @wochenender_buch
Facebook: @wochenender

Presse- und Öffentlichkeitsarbeit:
presse@frenz-verlag.de

Alle Bücher der WOCHENENDER-Reihe sind im Buchhandel, in ausgewählten Concept Stores sowie über **wochenender-buch.de** erhältlich.

NORDSEEKÜSTE

Dithmarschen, Eiderstedt, Nordfriesland, Halligen

Wir erzählen von einem Landstrich, von dem man sagt, nirgendwo sonst in Europa könne man die Naturgewalten so ungefiltert erleben. In der unendlichen Weite wird der Mensch ganz klein. Auf wunderbare Weise mitverkleinert werden die Sorgen und der Stress des Alltags.

ISBN: 978-3-9819748-6-7

OSTSEEKÜSTE

Hohwachter Bucht, Fehmarn, Lübecker Bucht, Wismarer Bucht

Wir sind an wilden Steilküsten entlangspaziert und haben unsere Zehen in feinen Sand gegraben. Wir haben Muscheln und Steine gesammelt, in der Hoffnung, vielleicht auch einen Bernstein zu finden. Wir haben den Wind gespürt und sind kilometerweit mit dem Fahrrad durch die Natur geradelt.

ISBN: 978-3-9819748-2-9

LÜNEBURGER HEIDE

Harburg, Heidekreis, Lüneburg

Auf unserer Reise durch die Heide – vor, während und nach der Blüte – haben wir die Region im Dornröschenschlaf erlebt und voller Menschen. Wir haben gesehen, wie bei klarem Sonnenschein die Blätter und Blüten leuchten, und haben entdeckt, wo man es sich bei Nieselregen am gemütlichsten macht.

ISBN: 978-3-9819748-3-6

SEEN UND WÄLDER

um Hamburg

Während der Badesee der natürliche Schauplatz von Sommer, Freiheit und langen Tagen mit Freunden und Familie ist, lädt der Wald mit mythischer Kraft eher zur Einkehr bei sich selbst ein. Wir haben die schönsten Seen und Wälder rund um Hamburg in diesem Buch zusammengebracht.

ISBN: 978-3-9819748-5-0

IMPRESSUM

HERAUSGEBERIN
Elisabeth Frenz
Frenz Verlag GmbH
Hinter der Lieth 2
22529 Hamburg

IDEE, KONZEPT & UMSETZUNG
Elisabeth Frenz

FOTOGRAFIE
Uta Gleiser: Cover, S. *8–9, 20–23, 27–47, 55, 66–73, 92, 93 links, 94–95, 96 links, 97, 103, 113–139, 145, 147–183*
Lukasz Chrobok: S. *16–19, 49–53, 56–61, 65, 74–75, 82–91, 184-185*
Yvonne Schmedemann: S. *10–11, 81, 98–101, 104–109*
André Reuter: S. *62–63*
Lisa Notzke: S. *93 rechts, 96 rechts*
René Flindt: S. *110-111,* Alexander Heil: S. *24–25*
Hof Dannwisch: S. *64*
HLMS/Rainer Peeck: S. *145 unten links*

ART DIREKTION
Alisa Karabut

REDAKTIONSLEITUNG
Sabrina Waffenschmidt

TEXTCHEFS
Okka Rohd, Peter Praschl

TEXT
Sabrina Waffenschmidt, Isabell Spilker

KARTENILLUSTRATION
Hana Sedelmayer

BILDBEARBEITUNG
Martina Drignat

SCHLUSSREDAKTION
BHL Medienprojekte

2. Auflage, Juli 2020
Druck und Bindung: optimal media GmbH, Röbel/Müritz

ISBN: 978-3-9819748-4-3

hallo@frenz-verlag.de
wochenender-buch.de

FSC www.fsc.org MIX Papier aus verantwortungsvollen Quellen FSC® C108521